「戦後80年」はあるのか

――「本と新聞の大学」講義録

モデレーター 一色 清 Isshiki Kiyoshi
姜尚中 Kang Sang-jung
内田 樹 Uchida Tatsuru
東 浩紀 Azuma Hiroki
木村草太 Kimura Souta
山室信一 Yamamuro Shinichi
上野千鶴子 Ueno Chizuko
河村小百合 Kawamura Sayuri

a pilot of wisdom

JN180121

目次

図版作成／(株)ＲＵＨＩＡ

まえがき

姜尚中

「かくも長き戦後」とは、アメリカを代表する日本研究者キャロル・グラックの言葉である。戦後五〇年、戦後六〇年、戦後七〇年。すでに三世代以上におよぶ年月を「戦後」の一語で一括《ひとくく》りにし、今も当たり前のように人口に膾炙《かいしゃ》している国は、おそらく、日本以外にはないだろう。

言うまでもなく、この時代区分は「一五年戦争」「アジア・太平洋戦争」「大東亜戦争」等と名指される「戦争」の終わりと、それ以後の「断層」を指し示している。だが、それを直接体験した世代は、時代を下るごとに次々と鬼籍に入り、「戦争の経験」をバネにした「戦後思想」や「戦後精神」も、その輪郭が色褪《いろあ》せつつある。そして、今や、このひとかたまりの時代を支え続けてきたかに見える「戦後憲法」までもが上書きされかねない現実が迫りつつある。

戦争の意味とは？

その記憶の在《あ》り処《か》とは？

それを支える思想や精神とは？

それらを総括する最高法規とは？

こうした違和感を意識しはじめると、最近までの自分が、いかに霞《かすみ》の中でぼんやりと微睡《まどろ》んでいたかがわかる。思えば、七〇年以上におよぶ頑強な時代区分を丸ごと肯定する側も、逆に、丸ごと否定する側も、等しく、「戦後」という時代の既成事実に捉われ続けてきた。他ならぬ自分が、そうなのだ。一九五〇年生まれの私の人生の時間は、「戦後」という容器の中にすっぽりと納まってしまう。もちろん、一九四五年に始まったとされる時空への疑いは、一九五〇年に勃発《ぼっぱつ》した朝鮮戦争を脇に睨《にら》みながら、何度も述べてきたつもりである。しかし、現在感じている乖離《かいり》の度合いは、これまでの比ではない。

「あの戦争」が、昭和天皇――あるいは昭和という元号――と、不即不離の関係にあったことは言うまでもない。昭和元年から昭和六四年にかけてのひとかたまりの時間は、戦前と戦後で「暗」と「明」に真二つに切断される。昭和天皇が崩御したのは、冷戦が崩壊した年である。「平成」も、二〇一六年の今年、すでに二八年目となった。にもかかわらず。

「戦後」はその後も延命し続け、瀕死《ひんし》の態《てい》ではありながらも、今日にまで至っている。

昭和の終わりの年に生まれた世代であれば、もう三〇に手が届きそうな年齢であるはずだ。彼らにとって「戦後」は、どれだけの意味をもっているだろうか。あるいは、戦争などよりも、むしろ「長き戦後」によって形作られてきた果実の多寡こそが、最大の関心事とならざるをえないのではないか。——彼らは「戦後」に対して、空前の豊かさを謳歌《おうか》していた満月のような日本が、少しずつ欠けていくイメージを抱いているのかもしれない。

一九三〇年代半ば以降の戦間期を生きた若者たちにとって、「昭和維新」という国家革新のスローガンがいくら獅子吼《ししく》されても、七〇年ほど前の「御一新」（明治維新）は、やはり、どこか遠い出来事であったはずだ。それと同様に、二〇一六年の現在を生きる若者たちに、「戦後七〇年」の平和主義の呼びかけや、「戦後レジームからの脱却」のスローガンが説得力を持たないのも、致し方ないのではないか。

では、「戦後」はどうなる？

だらりと伸びきった輪ゴムのように、伸縮する力すら失ったまま、それでも、相も変わらず、昨日までと同じ時を、量的に積み上げていくだけなのだろうか。——日本だけではなく、「先進国」でも「途上国」でも、これまでの前提が地滑りのように崩落する光景を、いくつも目の当たりにした今、とてもこれまでどおりに進んでいくとは思えない。混沌《こんとん》とした世界においては、均質な時間は生じえない。

私たちはもはや、過去から未来へと、一定の速度で一定の方向で、機械的に流れる、連続したクロノス的な時間を生きていない。そうではなく、決定的な一瞬、質的に一回限りの時を刻むカイロス的な時間を、すでに辿《たど》りつつある、と肝に銘じるべきではないか。

時間の質は、変わったのだ。それは、決定的な危機の訪れとなるのだろうか？（例えば、そう遠くない未来に、多くの人々が「戦争」を直接経験する機会が、本当にやってくるのだろうか？　反知性主義は、このまま世界を覆い尽くしてしまうのだろうか？　財政破綻や預金封鎖は、どれくらいの確率でありえるのだろうか？　生活困窮者を支える諸制度は、やはりクラッシュしてしまうのだろうか？）

少なくとも、私自身は、カイロス的な時間を、むしろ、僥倖《ぎょうこう》へと転じる手立てを探りたいと思っている。そのためには、何よりもまず、苦い現実を直視しなければならない。そして、一人一人が、徹底的に考え抜かなければならない。「本と新聞の大学」第四期の講義を元にした本書が、そのための一助となることを切に願っている。

二〇一六年七月

第一回　基調講演

一色清×姜尚中

〔いっしき・きよし〕

朝日新聞社教育コーディネーター。一九五六年愛媛県生まれ。一九七八年朝日新聞社入社。以降、経済部記者、経済部次長、「アエラ」編集長、「ｂｅ」エディター、出版本部長補佐、「WEBRONZA」編集長などを経て、二〇一三年より現職。二〇〇八～一一年にはテレビ朝日「報道ステーション」コメンテーターも務めた。

〔カン・サンジュン〕

政治学者。東京大学名誉教授。一九五〇年熊本県生まれ。国際基督教大学準教授、東京大学大学院情報学環・学際情報学府教授、聖学院大学学長などを歴任。専攻は、政治学・政治思想史。二〇一六年熊本県立劇場理事長兼館長に就任。著書に『マックス・ウェーバーと近代』『日朝関係の克服』『在日』『姜尚中の政治学入門』『悩む力』『続・悩む力』『心の力』『悪の力』など多数。小説作品に、『母―オモニー』『心』がある。

（講義日　二〇一五年八月二四日）

【基調講演】

安倍談話が伝えたくなかったメッセージ

一色　戦後七〇年の今年（二〇一五年）、安全保障法案が成立しました。日本は大きな転換期に来ていると思います。このような時に、少し長い時間軸と空間軸を取り、大きな視点から話をさせていただくことで、皆さんの知的好奇心を刺激できれば嬉《うれ》しく思います。

今日、私の方からは、「戦後七〇年とメディア」という題で少しまとまった話をさせていただきます。私自身も「朝日新聞」というメディアに属する身ではありますが、これからお話しすることは個人としての見解だとご了解ください。

まず、二〇一五年八月一四日に発表された安倍首相の戦後七〇年談話について述べていきたいと思います。私が安倍談話を読んで最初に抱いた印象は、率直に言って「長い」。それから語り手の主語がなく間接的な表現になっているところがかなり多いということでした。メッセージを効果的に伝えるには、短くて、きちんと主語と述語がある簡潔な文章が望ましいと言えます。その意味で、今回の安倍談話はメッセージが伝わりにくい文章だと思います。

しかし、もし書き手がメッセージを「伝えたくない」と思っている部分があるのであれば、「メッセージが伝わりにくい」という批判は、想定内のことでしょう。安倍談話は、一部のメッセージは伝えたいが、そうでないところは伝わってほしくないという書き方をしていると私は思いました。

例えば、四つのキーワードと言われる「植民地支配」「侵略」「痛切な反省」「心からのお詫び」は、「朝日新聞」（八月一五日付）で見ると全文一七七行のほぼ真ん中あたりにある一四行の中に、まるで押し込められるようにして入っているのですが、こうした言葉の配置からは、ひとつひとつのキーワードの重さを軽くしたいという意図を感じます。

安倍談話が一番伝えたかったのは、後半にある「あの戦争には何ら関わりのない、私たちの子や孫、そしてその先の世代の子どもたちに、謝罪を続ける宿命を背負わせてはなりません」という部分でしょう。

この談話を評価するには、単に書かれていることだけでなく、談話が出るまでの背景も考慮に入れなければなりません。村山談話を否定する、非常に保守的な立場の人は、「支持率低下や安保法案の紛糾、また中韓との融和を模索せざるを得ない政治情勢の中、安倍さんの本来の主張とは違うものになったのはしょうがない。それでも村山談話よりは我々の考えに近い内容を書いてくれたのだから、まあ良しとしよう」と考え、村山談話に肯定的なリベラル寄りの人たちは、「安倍さんの本心は別にあるのだろうが、村山談話の四つのキーワードは一応すべて入っているのだから、まあ良しとしよう」と考えたのではないでしょうか。各種世論調査で、安倍談話が比較的支持されている結果が出たのは、保守、リベラル双方が、そうした一種の「しかたない」という受け止め方をしたからだと思われます。

メディアは安倍談話をどう報じたか

安倍談話を報じた主要各紙の一面を並べると、どの新聞も似たような言葉を抜き出した見出しですが、よく読んでいくと、各紙の立ち位置の違いが見えてきます。

リベラル寄りの新聞では、「目立つ引用・間接表現」(「朝日新聞」)、「おわび　歴代の表現引用」(「毎日新聞」)と安倍談話が引用や間接表現を多用していることを指摘し、さらに「東京新聞」は「『日本の侵略』明示せず」、つまり明示した方がいいのに明示しなかったという批判的ニュアンスを出しています。また、このような記事では、記者会見での首相の写真を一面の記事につけるのが一般的ですが、「毎日新聞」と「東京新聞」は別の写真を載せているというところに、首相の訴えから一歩ひいた姿勢を示していると感じます。

この三紙と際立った違いが見られるのが、保守の立ち位置にある「産経新聞」です。大見出しは「『謝罪』次世代に背負わせぬ」で、これは先ほど申し上げた、安倍談話が一番伝えたかったであろうメッセージを前面に出しています。一方、「日本経済新聞」(「首相『反省・おわび』言及」)と「読売新聞」(「首相『反省とおわび』継承」)の記事は、リベラルと保守の中間にあるという印象です。

安倍談話を取り上げた各紙の社説で興味深いのは、リベラルの朝日(「戦後70年の安倍談話　何のために出したのか」)と保守の産経(「戦後70年談話　世界貢献こそ日本の道だ　謝罪外交の連鎖を断ち切れ」)が、まったく逆の視点から安倍談話に批判や不満を表明している点です。「朝日新聞」の社説は、「安倍首相の談話は、戦後七〇年の歴史総括として、極めて不十分な内容だった」「この談話は出す必要がなかった。いや、出すべきではなかった。改めて強くそう思う」と、リベラル寄りの三紙の中でも最も強い調子で批判しています。

「産経新聞」の方は基本的に安倍談話を「未来志向に基調を置く」と評価しているのです

が、「国益を損なってきた」村山談話を首相は修正する意向だったのに、結果的に引き継ぐ内容になったことに対しては婉曲《えんきょく》に不満を表しています。

ところで、「読売新聞」は非常に安倍政権に近いメディアなのに、この問題では保守的な立場をあまり出してはいません。私は談話が出る前の段階の「読売新聞」の報道に、何か普段とは違うものを感じていました。

例えば、八月七日付の社説（「首相も『侵略』を明確に認めよ　過去への反省と謝罪が欠かせぬ」）です。この時点では、まだ安倍首相が「謝罪」の部分を談話に入れるかどうかはっきりしていなかったにもかかわらず、政権をサポートする社説や記事が多い「読売新聞」がここまではっきり書いたことに、正直驚きました。しかも同じ日の紙面に、村山談話や小泉談話を踏襲すべきという内容を含む中曽根元首相の寄稿とインタビューを掲載しているのです。

あくまで推測にすぎませんが、「読売新聞」のこうした報道には、「おわび」「反省」を談話に入れるための水先案内としての役割があったのではないかと思います。安倍首相の本心はともかく、国際情勢などから現実的には村山談話や小泉談話を戦後七〇年の談話に継承せざるを得ないならば、メディアも「謝罪が必要だ」と言っていると、政権が一種の言い訳ができるような流れをつくる、「読売新聞」はそうした政権の意図を汲《く》んだということだったのかもしれません。「反省と謝罪が必要だ」ということ自体には私も賛同しますが、そうした推測でしか説明できないほど、この時期の「読売新聞」の報道にはそれまでの政権との距離感とは違う唐突感がありました。

リベラルと保守の勢力図

私の印象では、近年、メディアの二極化が進んでいるように思います。一九八〇年代頃のメディアは今日ほど二極化しておらず、特に保守系と見られているメディアが今よりややリベラル寄りで、「どの新聞を見ても同じだ」などと言われていました。だからこそ、景品で購読紙を決めるというような読者の感覚もあったのではないかと思います。

今のメディアの立ち位置を在京紙でマッピングするならば、リベラル側にいるのが「東京新聞」「朝日新聞」「毎日新聞」、保守側が「日本経済新聞」「読売新聞」「産経新聞」となるでしょう。リベラル三紙に大きな差が見られない一方、保守では産経が突出していると思います。また、二〇一五年七月現在の各紙の部数を見ていくと、リベラル寄りの朝日、毎日、東京の三紙の合計と保守の読売、産経の合計は、それぞれ千何十万部でほぼ拮抗《きっこう》しています。「日本経済新聞」を薄めの保守と考えても、リベラルと保守のバランスは大きく崩れていないと言えるかもしれません。

テレビの場合は、新聞ほどリベラルと保守は鮮明に分かれてはいないと思います。例えばＮＨＫでも、非常にリベラルな番組もあれば、安倍談話の報道では極めて政権寄りで保守的な姿勢が見られるなど、一概には言えないところがあります。民放各局は系列の新聞社の立ち位置の影響は見られますが、番組によっては印象が違うということもあり、やはり単純に色分けはできません。そういう点では、テレビは新聞よりも複雑ですが、全体としてはバランスがとれていると言えるのではないかと思います。

一九一八年の白虹《はっこう》事件とメディアの戦争責任

私がここで保守とリベラルを分類する際に考慮したのは、キーワードで言うと、保守は「改憲」「競争」「小さな政府」「伝統重視」「中韓対峙《たいじ》」「原発容認」で、リベラルは「護憲」「平等」「中規模の政府」「革新重視」「中韓融和」「反原発」です。また戦後の日本のあり方にどちらかというと否定的なのが保守、肯定的なのがリベラルという構図です。最近では、安保法案や特定秘密保護法案をめぐり、保守系各紙とリベラル系各紙の主張は真っ向から対立していました。

二極化を考える時、それを多様性と見るか、分断と見るかによって評価は違ってくると思います。メディアに多様性があるのは基本的にいいことです。先の戦争中、日本のメディアは多様性を失い、戦争を鼓舞する側へと一斉に回ってしまった過去があります。二〇一五年八月一五日付「毎日新聞」の戦後七〇年特集「新聞は『戦争』をどう報じたか」は、メディアのあり方を考える上で示唆に富む内容でした。

この中で古川隆久日本大学教授（日本近現代史）は、「多様な論調、展開し得た」と題して、「新聞社が軍部の圧力に押し切られた『被害者』だけではないことははっきりしている」と指摘し、「戦争に協力するイベントや募金」を通して部数拡大という営利を優先させたメディアを批判しています。湾岸戦争時のアメリカの例からも明らかなように、一度戦争が始まれば自由な報道が難しくなってしまう面は否めず、日本の場合であれば満州事変から日中戦争が始まる時期に、「満州放棄論」を掲げた石橋湛山や、清沢洌《きよし》などのリベラル派の論客を論説面に起用し、多様な論調を読者に知らせることが重要だった、と古川氏は述べています。

一方、同じ特集で、山本武利早稲田大学名誉教授（メディア史）は、メディアが共同する意義について論じています。山本氏は、「新聞が戦争をあおる原点には部数至上主義がある」と、一九一八年の白虹事件（「朝日新聞」の記事中にあった「白虹日を貫けり」という言葉を曲解された言論弾圧事件）を例に挙げ、「読者も右翼的な論調を歓迎し、メディアも当局に迎合し便乗して発展している」と、メディアの戦争責任を厳しく追及しています。白虹事件について少し説明すると、社会の安寧秩序を乱したことを理由に、問題の記事を書いた記者ら二人が告発され、さらに検察は「朝日新聞」の発行停止を求める方針を明らかにしました。当時の社長が右翼に襲われて公園の電信柱に裸でくくりつけられ、首から「国賊村山龍平」という札を下げられるという屈辱的な事件も起こり、結局、社長辞任、編集局長と社会部長は退社、ということになりました。この時、「毎日新聞」は事件に乗じて部数拡大を画策し、「朝日新聞」に激しい中傷を行ったのです。

さらに記事中で山本氏は、一九四一年頃には軍も主要メディアの苦情や抗議を恐れる姿勢があったのに、その後の紙の制限や法律の厳重化により、軍部に抵抗できないようにされてしまったと述べています。「この時期、三社（毎日、朝日、読売）が束になればもっと抵抗できた可能性があった」という山本氏の主張には耳を傾けるべきでしょう。

戦後七〇年とメディアについて考えるための参考図書として、『新聞と「昭和」』（上下、朝日新聞「検証・昭和報道」取材班、朝日文庫)、『新聞と戦争』(上下、朝日新聞「新聞と戦争」取材班、朝日文庫)、『言論抑圧　矢内原事件の構図』(将基面貴巳、中公新書)、『そして、メディアは日本を戦争に導いた』(半藤一利・保阪正康、東洋経済新報社)、『ジャーナリズムの思想』(現代日本思想大系12、鶴見俊輔編、筑摩書房)を挙げておきたいと思います。鶴見さんの本は絶版になってしまっていますが、図書館や古書店などでぜひ探して読んでみてください。

佐藤首相の退任会見で何があったか

こうした戦前のケースを考えれば、普段は多様な主張をしていても、言論や報道の自由が脅かされるようなときには、メディアが共同して論陣を張り、一致して対峙することは非常に大切です。

実際、過去にそうした事例がなかったわけではありません。例えば一九六〇年安保闘争で樺《かんば》美智子さんがデモで亡くなった翌々日、朝日、読売、毎日、産経、日経、東京の六紙と当時あった「東京タイムズ」という新聞によって、七社共同宣言というものが出されました。一面に社告の体裁で大きな記事を載せ、暴力を排して議会主義に立ち戻れ、ということを各紙が共同して訴えたのです。地方紙や共同通信も賛同し、一斉に同じトーンの社説を掲げました。言論の多様性という面からは批判もあるのですが、かつてはメディアがここまで歩調を合わせた時代があったという意味から紹介しました。

また、有名な佐藤栄作首相の退任記者会見（一九七二年）でも、メディアは足並みを揃《そろ》えました。この時、佐藤首相は「テレビカメラはどこかね」と言い出し、新聞記者を批判しました。これに抗議する記者たちはいくつかの緊迫したやりとりの後、カメラ一つ残して、新聞記者全員、さらにテレビ局や通信社の記者も、会見場を出て行ったのです。この会見の様子はYouTubeにアップされていますので、今でも見ることができます。もし今こういうことが起こったら、政権に近い一部の記者は出て行かずに残るのではないかと私は考えてしまいます。

もう一つ例を挙げると、一九八七年、「朝日新聞」の阪神支局が襲撃され、記者一人が死亡、一人が重傷を負いました。当時、私は「朝日新聞」の記者として働いており、しかも現場に近い西宮に住んでいたので非常に怖い想いをしたのですが、救われたのは、「朝日もちょっとリベラル過ぎたし、恨まれてもしょうがない」というような記事や発言はまったくといっていいほど目や耳にしなかったことです。しかし、今であれば、「テロはけしからんけれども、朝日にも非があった」といった記事や発言が出るのではないかという気がして、暗い気持ちになります。

先日二〇一五年六月二五日、自民党の勉強会で自民党議員が「（沖縄の二紙は）左翼勢力に完全に乗っ取られている」と発言し、講師で呼ばれていた作家の百田尚樹氏が「沖縄の二つの新聞社は絶対つぶさなあかん」と続きました。言論・報道の自由に関わる重大な問題で、メディアの危機といってもいい状況です。しかし、一部の保守系メディアには発言を擁護するかのような記事が見られました。ここ数十年で日本の言論状況はずいぶん変わってきていると言わざるを得ないでしょう。

こうした状況が生まれたのは、一つは社会の変化の反映でしょう。戦後、日本はナショナリズムを抑制することで国際社会に受け入れられ、発展してきたのですが、時の経過や発展の行き詰まりから、その抑制をうっとうしく思う勢力が増えてきたことです。もう一つはメディア環境の変化でしょう。インターネットの発達によって、新聞社の経営は厳しさを増しています。そうしたなかで、新聞社は核となる読者層をより強く意識するようになり、立ち位置をよりはっきりさせる方向に行っているような気がします。

メディアが二つにはっきりと分断されている状況は、メディアの弱体化につながります。

パリに本拠地がある世界のジャーナリストによるNGO「国境なき記者団」が世界一八〇カ国と地域を報道の自由度でランキングした報告書では、日本は二〇一〇年には一一位だったのですが、その後下がり続け、二〇一五年は過去最低の六一位にまで落ちています。理由としては、福島第一原発事故の報道規制や、政府が記者会見で発表した情報をそのまま報道する「発表ジャーナリズム」、危険地域の現場取材をフリーランスに依存する体質、それから最近では特定秘密保護法成立や、テレビや新聞への政権からの圧力などが影響していると思われます。

これほど急激に報道の自由度が下がっているということは、日本の報道はかなり危ういところにあると言ってもいいでしょう。そうした状況の下、報道の自由を守るためには手を携えるべきところは携えるという姿勢が、メディアに求められているのではないでしょうか。

戦後七〇年とメディアのこれから

最後に二つほど明るい材料を提示しておきたいと思います。

一つはSNSの可能性です。ヘイトスピーチや流言飛語がSNSと結びついたときの怖さはありますが、フェイスブックやツイッターの伝播力《でんぱりょく》には社会を正す大きな可能性も感じます。

例えば、自民党（当時）の武藤貴也議員が安保法案に反対する学生団体「SEALDs」を、「戦争に行きたくないという極端な利己主義」とツイッターで批判したのに対し、その批判に対する批判が殺到して武藤議員のツイッターが炎上しました。戦争に行きたくないのは人間として当然の心情であり、その心情を理解して政治をするのが政治家の役目だという市民の常識的な考えが、ＳＮＳを通じてあっという間に広まった結果だと思います。

一〇〇％とは言えなくても、相対的に信頼できる情報を発信している新聞やテレビ、雑誌といったメディアと常識ある市民が発信するＳＮＳの伝播力がうまく組み合わされば、権力監視機能を強化することができると思います。どのように組み合わせればいいのかというところは、これからの課題ですが、希望を感じさせる材料だと思います。

もう一つは、楽天的だと言われるかもしれませんが、平和主義の定着です。共同通信が二〇一五年五〜六月に行った世論調査の質問の中で「もし外国軍が攻めてきたらあなたはどうしますか」というものがありました。それに対する回答はトップが「非暴力で抵抗」四一％で、「武器を取って戦う」が二九％、「逃げる」が一六％、「降伏する」が七％、つまり全体の六四％が何らかの非暴力的手段で対応する、という答えだったのです。「武器を取って戦う」と答える人の割合がもう少し多いかと思っていたのですが、この調査結果からは、やはり日本人の中には相当、平和主義が定着しているのではないかと改めて感じました。

今回の安倍談話をめぐる状況を見ても、日本の社会には平和主義が定着していると言えると思います。支持層からは村山談話とは違う強気の談話を期待されていた安倍首相でさえも村山談話の延長線上にある戦争観に基づく談話を発表した背景には、やはり社会のなかにある平和主義を無視できなかったということではないでしょうか。

今後、周辺情勢の変化などで、あっという間に状況が変わる可能性はあるかもしれませんが、日本の社会に定着した平和主義は、これからも「戦後」が続いていくための力になるのではないか、そして「戦後」はまだまだ続かせないといけないということを、メディアに属する人間として肝に銘じていきたいと思います。

【対談】

一九七九年という分岐点

姜　一色さんのお話のなかで、一九八〇年代頃と今とでは全国紙の保守とリベラルの構図がかなり変化したということがありました。ここで、八〇年代がどのような時代だったのか、私の考えをお伝えしたいと思います。

私は、一九七九年が「戦後」の大きな分岐点だったと考えています。戦後七〇年のほぼ真ん中に位置する一九七九年を境に、西側先進諸国のいわゆる「黄金の三〇年」にあたる「前期戦後」は終わりを告げ、八〇年代の一〇年間を転機に、混迷の「後期戦後」が現在まで続いていると言えるのではないかと思います。

一九七九年及び八〇年代に起こったことを見ていくと、マーガレット・サッチャーがイギリスの首相に就任したのが一九七九年、その二年後にアメリカでレーガン政権が誕生し、いわゆる現在の新自由主義の流れが形作られていきます。一九八五年には、日本のバブル経済の端緒となるプラザ合意がありました。ベルリンの壁が崩壊したのは、昭和の終わりとほぼ重なるタイミングの一九八九年です。

また、一九七九年は旧ソ連がアフガニスタンに介入した年でもあり、これが今日の中東の大混乱の引き金となっています。さらに、チェルノブイリの原発事故が起こったのは一九八六年です。つまり、今の日本が抱えている問題のほとんどは八〇年代に出尽くしていたと言えるでしょう。

一九七九年にアメリカの社会学者エズラ・ヴォーゲルの『ジャパン・アズ・ナンバーワン』(TBSブリタニカ)がベストセラーになったのも象徴的な出来事だと思います。日本が社会的にも経済的にも安定していた八〇年代は戦後の一つの完成形であるとともに、ここをピークに時代が暗転していく前奏曲でもありました。一九九〇年代に入ると阪神・淡路大震災、オウムの事件と日本の安全を根幹から揺るがすような出来事が起こり、社会の混迷は深まっていくわけです。

一色　メディアが自由にいい仕事ができる時代というのは、社会もいい状態なのです。七〇年代、アメリカのジャーナリズムが言論の力で権力に対峙し、ベトナム戦争を終わらせたり、ニクソン大統領を退陣させたりしたのは、やはり六〇～七〇年代がアメリカにとって繁栄と民主主義のよき時代だったからでしょう。

日本では、おそらくプラザ合意頃までは「一億総中流」という言葉は生きていたと思います。私が駆け出しの新聞記者だった七〇年代後半から八〇年代のメディアには非常に自由な空気がありました。戦後民主主義教育が感覚的に身についていた記者が多く、権力に対する国民の番犬としてのウォッチドッグ機能がジャーナリズムには大事なのだという意識が共有されていたように思います。

メディアの二極化の背景には、ネット社会の共鳴効果や民主党政権後の自民党の右傾化といった政治的状況などが関わっていますが、姜さんが言われたような繁栄の八〇年代が終わった後、経済的格差が広がり、世の中の二極化が進んだ影響も大きいと思います。

姜　八〇年代頃の政治的状況は、今より右と左の差がなかったですね。『敗北を抱きしめて』（岩波書店）を書いたジョン・ダワーが、一九七九年頃に日本の右と左の融和的な関係ができてしまった、というようなことを述べていますが、八〇年代は生活の保守主義が右も左も説得力を持つようになった時代だと思います。この時代の政治的な右と左の収斂《しゅうれん》というものも影響して、メディアも今のような極端なばらつきはなく、「日本経済新聞」あたりの真ん中の基軸のところに集まっていたという印象があります。

一色　七〇年代にアメリカのジャーナリズムが活躍した頃、アメリカの民主党と共和党もどちらがリベラルでどちらが保守かよくわからないところがあり、今のように二極化はしていませんでしたからね。そう考えると、現在の二極化は日本だけではなく、世界的な流れと言えるのかもしれません。

分断を乗り越えるために

姜 二極化ということでは、例えば二〇一四年度の東京都港区の住民平均所得（約一二六七万円）と最下位の熊本県球磨《くま》村（約一九四万円）では六倍以上の差があり、いったいこれで一つの国と言えるのだろうか、と考えてしまいます。一色さんがおっしゃる二極化による分断は、今や非常にリアリティのある問題です。

一色 こうした分断は、全国紙とローカル紙のＴＰＰに対する立場の違いにも見られますね。全国紙が概《おおむ》ねＴＰＰ賛成であるのに対し、ＴＰＰによって農業や医療に深刻な影響が出てくるということで、地方紙はＴＰＰ反対がほとんどです。

姜 いずれにせよ、一つのネーションという形でまとまり切れない問題が出てきているにもかかわらず、一つにまとめるためにはやはりナショナリズムだということになっている。これはネーションなきナショナリズムではないかと思います。例えば中韓に対する対抗的姿勢であったり、靖国《やすくに》神社や教科書の問題が政治的なリソースになってしまっているのは、非常に懸念されるべきことです。

実際には、分裂や分断は常に存在しています。それを隠蔽《いんぺい》せず、徹底して突き詰めるということも必要であり、その上で、今日の話の中でもおっしゃっていましたが、一つになるべきところは一つになる姿勢が大切だと思います。

二極化したメディアが分断を乗り越えて最小限の公約数では共同し、しかし対立すべきところは明確にそれを明示化していくというように変化していく可能性はあるのでしょうか。

一色 メディアの分断をなくすために、皆に「似たような路線をとろう」と呼びかけるようなことはすべきではないし、またできないでしょう。なかなか難しい問題ですが、基本的には、読者の立場に立ち、ジャーナリズムの原則に立ち戻ることが求められていると思います。事実を正確に伝え、権力を監視するウォッチドッグ機能を果たす。それぞれのメディアがそうした基本的なことにきちんと向かい合っていけば、共同すべき時に力を結集させることができるのではないでしょうか。

第二回　比較敗戦論　敗戦国の物語について

内田　樹

〔うちだ・たつる〕

思想家・武道家。一九五〇年東京都生まれ。一九七五年東京大学文学部仏文科卒業。一九八〇年東京都立大学大学院人文科学研究科修士課程修了。神戸女学院大学文学部助教授、同大学総合文化学科教授を経て、二〇一一年より同大学名誉教授。専門はフランス現代思想。合気道、居合道、杖道に通じる武道家でもあり、武道と哲学研究のための学塾・凱風館を主宰。二〇〇七年『私家版・ユダヤ文化論』で第六回小林秀雄賞、二〇一〇年『日本辺境論』で第三回新書大賞、二〇一一年には第三回伊丹十三賞を受賞。他、『荒天の武学』『生存教室』（ともに光岡英稔と共著）、『一神教と国家』（中田考と共著）、『世界「最終」戦争論』（姜尚中と共著）など著書多数。

（講義日　二〇一五年九月九日）

モデレーター／姜尚中

【講演】

敗戦国は日独だけではない

今回の「比較敗戦論」というタイトルは、問題提起という意味でつけました。特に僕の方で用意した結論があるわけではありません。ただ、歴史を見るときに、こういう切り取り方もあるのだというアイディアをお示ししたいと思います。

「比較敗戦論」という言葉は『永続敗戦論』（太田出版、二〇一三年）の白井聡さんと対談をしたときにふと思いついたのです（この対談はその後、『日本戦後史論』〈徳間書店、二〇一五年〉という本にまとまりました）。

『永続敗戦論』での白井さんの重要な主張は「日本人は敗戦を否認しており、それが戦後日本のシステムの不調の原因である」というものでした。「敗戦の否認」というキーワードを使って、戦後七〇年の日本政治を極めて明晰《めいせき》に分析した労作です。

ただ、僕は白井さんと話をしていて、日本人が戦後七〇年間にわたって敗戦経験を否認してきたということは全くご指摘の通りなんだけれども、日本以外の敗戦国ではどうなのか、ということが気になりました。日本以外の他の敗戦国はそれぞれ適切なやり方で敗戦の「総括」を行ったのか。そのなかで日本だけが例外的に敗戦を否認したのだとすれば、それはなぜなのか。そういった一連の問いがありうるのではないかと思いました。

白井さんの言う通り「敗戦の否認」ゆえに戦後日本はさまざまな制度上のゆがみを抱え込み、日本人のものの考え方にも無意識的なバイアスがかかっていて、ある種の思考不能状態に陥っていること、これは紛れもない事実です。でも、それは日本人だけに起きていることなのか。他の敗戦国はどうなっているのか。他の敗戦国では、敗戦を適切に受け容れて、それによって制度上のゆがみや無意識的な思考停止を病むというようなことは起きていないのか。よく「ドイツは敗戦経験に適切に向き合ったけれど、日本はそれに失敗した」という言い方がされます。けれども、それは本当に歴史的事実を踏まえての発言なのか。

まず僕たちが誤解しやすいことですけれど、第二次世界大戦の敗戦国は日独伊だけではありません。フィンランド、ハンガリー、ルーマニア、ブルガリア、タイ、これらは連合国が敵国として認定した国です。それ以外にも、連合国がそもそも国として認定していない交戦団体として、フィリピン第二共和国、ビルマ国、スロバキア共和国、クロアチア独立国、満州国、中華民国南京政府などがあります。これだけの「国」が敗戦を経験した。でも、僕たちはこれらの敗戦国で、人々が敗戦経験をどう受け容れたのか、どうやって敗戦後の七〇年間を過ごしてきたのかについて、ほとんど何も知りません。

例えば、「フィンランド国民は敗戦をどう総括したか」というような研究は、フィンランド国内にはしている人がいるのでしょうけれど、僕はそれについての日本語文献のあることを知らない。でも、「敗戦の否認」という心理的な痼疾《こしつ》を手がかりにして現代日本社会を分析するためには、やはり他の敗戦国民は自国の敗戦をどう受け止めたのか、否認したのか、受容したのかが知りたい。敗戦の総括をうまく実行できた国はあるのか。あるとしたら、なぜ成功したのか。敗戦を否認した国は日本の他にもあるのか。あるとしたら、その国における敗戦の否認は、今その国でどのような現実を帰結したのか、それを知りたい。「敗戦の否認」が一種の病であるとするなら、治療のためには、まず症例研究をする必要がある。僕はそんなふうに考えました。

フランスは果たして戦勝国なのか

このアイディアには実はいささか前段があります。枢軸国の敗戦国というと、ふつうは日独伊と言われます。けれども、フランスだって実は敗戦国ではないのか。僕は以前からその疑いを払拭《ふっしょく》することができずにいました。

ご承知の方もいると思いますが、僕の専門はフランス現代思想です。特にエマニュエル・レヴィナスというユダヤ人哲学者を研究してきました。その関連で、近代フランスにおけるユダヤ人社会と彼らが苦しんだ反ユダヤ主義のことをかなり長期にわたって集中的に研究してきました。そして、そのつながりで、一九世紀から二〇世紀はじめにかけてのフランスの極右思想の文献もずいぶん読み漁《あさ》りました。

僕がフランスにおける反ユダヤ主義の研究を始めたのは一九八〇年代のはじめ頃ですが、その頃フランスの対独協力政権、ペタン元帥の率いたヴィシー政府についての研究が続々と刊行され始めました。ですから、その頃出たヴィシーについての研究書も手に入る限り買い入れて読みました。そして、その中でも出色のものであったベルナール＝アンリ・レヴィの『フランス・イデオロギー』（国文社、一九八九年）という本を翻訳することになりました。これはフランスが実はファシズムと反ユダヤ主義という二つの思想の「母国」であったという非常に挑発的な内容で、発売当時はフランスでは大変な物議を醸したものでした。

歴史的事実をおさらいすると、一九三九年九月のドイツのポーランド侵攻に対して、英仏両国はドイツに宣戦布告します。フランスは翌一九四〇年五月にはマジノ線を破られ、六月には独仏休戦協定が結ばれます。フランスの北半分はドイツの直接統治領に、南半分がペタンを首班とするヴィシー政府の統治下に入ります。第三共和政の最後の国民議会が、ペタン元帥に憲法制定権を委任することを圧倒的多数で可決し、フランスは独裁制の国になりました。そして、フランス革命以来の「自由、平等、友愛」というスローガンが廃されて、「労働、家族、祖国」という新しいファシズム的スローガンを掲げた対独協力政府ができます。

フランスは連合国に対して宣戦布告こそしていませんけれども、大量の労働者をドイツ国内に送ってドイツの生産活動を支援し、兵站《へいたん》を担い、国内ではユダヤ人迫害を行いました。フランス国内で捕らえられたユダヤ人たちはフランス国内から鉄道でアウシュヴィッツやダッハウへ送られました。

対独レジスタンスが始まるのは一九四二年くらいからです。地下活動という性質上、レジスタンスの内実について詳細は知られていませんが、初期の活動家は全土で数千人規模だったと言われています。一九四四年六月に連合国軍がノルマンディーに上陸して、戦局がドイツ軍劣勢となってから、堰《せき》を切ったように、多くのフランス人がドイツ軍追撃に参加して、レジスタンスは数十万規模にまで膨れあがった。この時、ヴィシー政府の周辺にいた旧王党派の準軍事団体などもレジスタンスに流れ込んでいます。昨日まで対独協力政権の中枢近くにいた人たちが、一夜明けるとレジスタンスになっているというようなこともあった。そして、このドイツ潰走《かいそう》の時に、対独協力者の大量粛清が行われています。ヴィシー政権に協力したという名目で、裁判なしで殺された犠牲者は数千人と言われていますが、これについても信頼できる史料はありません。調書もないし、裁判記録もない。どういう容疑で、何をした人なのか判然としないまま、「対独協力者だ」と名指しされて殺された。真実はわからない。

アルベール・カミュは最初期からのほんもののレジスタンス闘士でしたけれど、戦後その時代を回想して、「本当に戦ったレジスタンスの活動家はみな死んだ」と書いて、今生き残って「レジスタンス顔」をしている人間に対する不信を隠そうとしませんでした。このあたりの消息は外国人にはなかなかわかりません。

シャルル・ド・ゴールもその回想録の中で、ヴィシー政府壊滅後のフランス各地の混乱に言及して、「無数の場所で民衆の怒りは暴力的な反動として溢《あふ》れ出した。もちろん、政治的な目論見や、職業上の競争や、個人的な復讐がこの機会を見逃すはずもなかった」と証言しています（Charles De Gaulle, *Mémoires de guerre–Le salut, 1944–1946*, Plon, 1959, p.18）。

国防次官だったシャルル・ド・ゴールはペタン元帥が休戦協定を結んだときにロンドンに亡命して亡命政府「自由フランス」を名乗りますけれど、もちろん彼の「自由フランス」には国としての実体などありません。国際法上はあくまでヴィシー政府がフランスの正統な政府であって、自由フランスは任意団体に過ぎません。そもそもド・ゴール自身、フランスの法廷で欠席裁判のまま死刑宣告されているのです。

ド・ゴール以外にも、フランソワ・ダルラン将軍、アンリ・ジロー将軍といった軍の実力者がいて、フランスの正統な代表者の地位を争っていました。最終的にド・ゴールが競争相手を排除して、自由フランス軍のトップに立ちますけれど、それでも一交戦団体に過ぎません。一九四四年にド・ゴールが「フランス共和国臨時政府」を名乗ったときも、アメリカもイギリスもこれを承認するのを渋りました。ド・ゴールが一交戦団体に過ぎなかった自由フランスを「戦勝国」にカテゴリー変更させたのは、彼の発揮した軍事的・外交的実力によってです。四四年、ノルマンディー上陸後西部戦線でのドイツ軍との戦闘が膠《こう》着《ちゃく》状態にあったとき、ド・ゴールはこの機会にフランスを連合国に「高く売る」ことに腐心しています。回想録にはそのことが率直に書いてあります。

「戦争がまだ長引くということは、われわれフランス人が耐え忍ばなければならない損失、被害、出費を考えれば、たしかに痛ましいことである。しかし、フランスの最優先の利害を勘案するならば、フランス人の当面の利益を犠牲にしても、戦争の継続は悪い話ではなかった。なぜなら、戦争がさらに長びくならば、アフリカやイタリアでそうだったように、われわれの協力がライン河・ドナウ河での戦闘にも不可欠のものとなるからである。われわれの世界内における地位、さらにはフランス人がこれから何世代にもわたって自分自身に対して抱く評価がそこにかかっている」(*Ibid.*, p.44、傍点は内田)

ド・ゴールは、パリ解放からドイツ降伏までのわずかの時間内に、フランス軍の軍事的有用を米英に誇示できるかどうかに戦後フランスの、国際社会における立場がかかっているということを理解していました。本当にこのときのフランスは綱渡りだったのです。ノルマンディー上陸作戦の時点ではド・ゴールの自由フランスの支持基盤は国内のレジスタンスだけでした。それが戦局の推移に伴ってそれ以外のフランス人たちも自由フランスを自分たちの代表として承認する気分になり、最後に米英はじめ世界の政府がド・ゴールの権威を承認せざるを得なくなった。ですから、ド・ゴールが「国を救った」というのは本当なのです。対独協力国、事実上の枢軸国がいつのまにか連合国の一員になり、さらに国際社会の重鎮になりおおせたわけですから、これはド・ゴールの力業というほかありません。

でも、このド・ゴールが力業でフランスの体面を救ったことによって、フランス人は戦争経験の適切な総括を行う機会を奪われてしまった。本当を言えば、ドイツの犯したさまざまな戦争犯罪に加担してきたフランス人たちはもっと「疚《やま》しさ」を感じてよかったのです。でも、フランス人は戦勝国民として終戦を迎えてしまった。フランス人は「敗戦を総括する義務」を免除された代わりにもっと始末におえないトラウマを抱え込むことになりました。

イタリアは戦勝国ではないのか

僕たち日本人はイタリアがどんなふうに終戦を迎えたかについてはほとんど知るところがありません。世界史の授業でもイタリアの敗戦については詳しく教えてもらった記憶がない。教科書で教えてもらえないことは、映画や小説を通じて学ぶわけですけれども、イタリアの終戦時の混乱については、それを主題にした映画や文学も日本ではあまり知られておりません。『無防備都市』（ロベルト・ロッセリーニ監督、一九四五年）にはイタリアのレジスタンスの様子がリアルに描かれていますが、僕が知っているのはそれくらいです。ですから、ナチスと命がけで戦ったイタリア人がいたことや、イタリア人同士で激しい内戦が行われていたという歴史的事実も日本人はあまり知らない。

一九四三年七月に、反ファシスト勢力が結集して、国王のヴィットーリオ・エマヌエーレ三世が主導して、ムッソリーニを二〇年にわたる独裁者の地位から引きずり下ろしました。そして、首相に指名されたピエトロ・バドリオ将軍は水面下で連合国と休戦交渉を進めます。その後、監禁されていたムッソリーニをドイツの武装親衛隊が救い出して、北イタリアに傀儡《かいらい》政権「イタリア社会共和国」を建て、内戦状態になります。最終的にドイツ軍はイタリア領土内から追い出され、ムッソリーニはパルチザンに捕らえられて、裁判抜きで処刑され、その死体はミラノの広場に逆さ吊りにされました。イタリア王国軍とパルチザンがムッソリーニのファシスト政権に引導を渡し、ドイツ軍を敗走させた。ですから、イタリアは法理的には戦勝国なんです。でも、たぶん「イタリアは戦勝国だ」と思っている日本人はほとんどいない。自分たちと同じ敗戦国だと思っている。

たしかに、戦後イタリアを描いた『自転車泥棒』（ヴィットリオ・デ・シーカ監督、一九四八年）のような映画を観ると、街は爆撃でひどいことになっているし、人々は食べるものも仕事もなくて、痩《や》せこけている。「ああ、イタリアも日本と同じだ」と思っても不思議はない。でも、違います。イタリアは戦勝国なんです。だいたい、イタリアは一九四五年七月には日本に宣戦布告しているんです。

フランスとイタリアを比べれば、フランスよりイタリアの方がずっと戦勝国条件が整っている。フランスは先ほど述べたように紙一重で戦勝国陣営に潜り込み、国連の常任理事国になり、核保有国になり、今も世界の大国としてふるまっています。それは一にシャル・ド・ゴールという卓越した政治的能力を持つ人物が国家存亡のときに登場したからです。ド・ゴールがいて、ルーズベルトやチャーチルと一歩も引かずに交渉したから、フランスは戦勝国「のようなもの」として戦後世界に滑り込むことができた。でも、イタリアにはそんなカリスマ的な人物がいませんでした。戦争指導者であったヴィットーリオ・エマヌエーレ三世とバドリオ将軍は、ドイツ軍がローマに侵攻してきたとき、市民を「無防備都市」に残したまま自分たちだけ逃亡してしまった。そのせいでイタリア軍の指揮系統は壊滅しました。戦後の国民投票で国民たちの判断で王政が廃止されたのは、このときの戦争指導部の国民に対する裏切りを国民が許さなかったからです。

フランスとイタリアのどちらも「勝ったんだか負けたんだかよくわからない仕方で戦争が終わった」わけですけれど、フランスにはド・ゴールがいて、イタリアにはいなかった。それが戦後の両国の立ち位置を決めてしまった。

でも、僕はこれを必ずしもフランスにとって幸運なことだったとも、イタリアにとって不幸なことだったとも思わないのです。イタリアは「敗戦国みたいにぼろぼろになった戦勝国」として終戦を迎えました。戦争の現実をありのままに、剝《む》き出しに経験した。戦勝を誇ることもできなかったし、敗戦を否認する必要もなかった。だから、彼らの戦争経験の総括には変なバイアスがかかっていない。

先日、イタリアの合気道家が僕の道場に出稽古に来たことがありました。稽古のあとの歓談のとき、「そういえば君たち、昔、日本に宣戦布告したことがあるでしょう」と訊《き》いてみました。たぶん、そんなこと知らないと思ったんです。意外なことに、彼はすぐに苦笑して、「どうもすみませんでした」と謝るんです。「イタリアって、どさくさまぎれにあいうことをやるんです。フランスが降伏したときにも仏伊国境の土地を併合したし。そういう国なんです。申し訳ない」と。僕は彼のこの対応にびっくりしました。自国の近代史のどちらかというと「汚点」を若いイタリア人が常識として知っているということにまず驚き、それについて下手な言い訳をしないで、さらっと「ごめんね」と謝るところにさらに驚きました。事実は事実としてまっすぐみつめる。非は非として受け容れ、歴史修正主義的な無駄な自己弁護をしない。そのとき僕は「敗戦の否認をしなかった国民」というものがあるとしたら、「こういうふう」になるのかなと思いました。

イタリアは「ほとんど敗戦」というほかないほどの被害を蒙《こうむ》った。内戦と爆撃で都市は傷ついた。行政も軍もがたがたになった。戦死者は三〇万人に及んだ。でも、その経験を美化もしなかったし、否認もしなかった。「まったくひどい目に遭った。でも、自業自得だ」と受け止めた。だから、戦争経験について否認も抑圧もない。

フランスの場合は、ヴィシーについてはひさしく歴史的研究そのものが抑圧されていました。先ほど名前が出ましたベルナール＝アンリ・レヴィの『フランス・イデオロギー』は、ヴィシーに流れ込む一九世紀二〇世紀の極右思想史研究ですが、この本が出るまで戦後三六年の歳月が必要でした。一九八一年に刊行されたときも、保守系メディアはこれに集中攻撃を加えました。「なぜせっかくふさがった『かさぶた』を剝《は》がして、塩を塗り込むようなことをするのか」というのです。それからさらに三五年近くが経《た》ちますが、ヴィシー政府の時代にフランスが何をしたのかについての歴史的な研究は進んでいません。

ナチスが占領していた時代のフランス人は何を考え、何を求めて、どうふるまったのか。いろいろな人がおり、いろいろな生き方があったと思います。それについての平明な事実を知ることが現代のフランス人には必要だと僕は思います。ド・ゴールが言うように「自分自身に対して抱く評価」を基礎づけるために。でも、それが十分にできているように僕には思えません。フランスの場合は「敗戦の否認」ではなく、対独協力国だったという歴史的事実そのものが否認されている。その意味では、あるいは日本より病が深いかもしれない。

現在の政治状況と敗戦の総括との関係

本来なら、ヴィシー政府の政治家や官僚やイデオローグたちの事績を吟味して、「一体、ヴィシーとは何だったのか、なぜフランス人は民主的な手続きを経てこのような独裁制を選択したのか」という問いを徹底的に究明すべきだったと思います。でも、フランス人はこの仕事をネグレクトしました。ヴィシー政府の要人たちに対する裁判もごく短期間のうちに終えてしまった。東京裁判やニュルンベルク裁判のように、戦争犯罪の全貌《ぜんぼう》を明らかにするということを抑制した。ペタン元帥や首相だったピエール・ラヴァルの裁判はわずか一カ月に満たず結審して、死刑が宣告されました。裁判は陪審員席からも被告に罵声《ばせい》が飛ぶというヒステリックなもので、真相の解明というにはほど遠かった。この二人に全責任を押しつけることで、それ以外の政治家や官僚たちは事実上免責されました。そして、この「エリートたち」はほぼそのまま第四共和政の官僚層に移行する。

レヴィによれば、フランスにおいて、ヴィシーについての歴史学的な検証が進まなかった最大の理由は、ヴィシー政府の官僚層が戦後の第四共和政の官僚層を形成しており、彼らの非を細かく咎《とが》めてゆくと、第四共和政の行政組織そのものが空洞化するリスクがあったからだということでした。事情を勘案すれば、フランス政府が、国家的選択として対独協力していたわけですから、それをサボタージュした官僚はうっかりするとゲシュタポに捕まって、収容所に送られるリスクがあったわけです。組織ぐるみの対独協力をせざるを得なかった。だから、一罰百戒的に、トップだけに象徴的に死刑宣告を下して、あとは免罪して、戦後の政府機構に取り込むことにした。それは当座の統治システムの維持のためには、しかたなかったのかもしれません。

ですから、ヴィシーについての歴史学的な実証研究が始まるのは、この官僚たちが現役を引退した後になります。一九八〇年代に入って、戦後四〇年近くになって、ヴィシー政府の高級官僚たちが退職したり、死んだりして、社会的な影響がなくなった時点ではじめて、最初は海外の研究者たちが海外に流出していたヴィシー政府の行政文書を持ち出して、ヴィシー研究に手を付け始めた。フランス人自身によるヴィシー研究は『フランス・イデオロギー』が最初のものです。戦争が終わって三六年後です。「ヴィシーの否認」は政治的に、意識的に、主体的に遂行された。でも、そのトラウマは別の病態をとって繰り返し回帰してきます。僕はフランスにおける「イスラモフォビア」（イスラーム嫌悪症）はそのような病態の一つではないかと考えています。

フランスは全人口の一〇％がムスリムです。先日のテロで露呈したように、フランス社会には排外主義的な傾向が歴然と存在します。大戦後も、フランスは一九五〇年代にアルジェリアとベトナムで旧植民地の民族解放運動に直面したとき、暴力的な弾圧を以《もっ》て応じました。結果的には植民地の独立を容認せざるを得なかったのですが、独立運動への弾圧の激しさは、「自由、平等、友愛」という人権と民主主義の「祖国」のふるまいとは思えぬものでした。そんなことを指摘する人はいませんが、これは「ヴィシーの否認」が引き起こしたものではないかと僕は考えています。「対独協力政治を選んだフランス」、「ゲシュタポと協働したフランス」についての十分な総括をしなかったことの帰結ではないか。

もしフランスで、終戦時点で自国の近過去の「逸脱」についての痛切な反省がなされていたら、五〇年代におけるフランスのアルジェリアとベトナムでの暴力的な対応はある程度抑止されたのではないかと僕は想像します。フランスはナチス・ドイツの暴力に積極的に加担した国なのだ、少なくともそれに加担しながら反省もせず、処罰も免れた多数の国民を今も抱え込んでいる国なのだということを公式に認めていたら、アルジェリアやベトナムでの事態はもう少し違うかたちのものになっていたのではないか。あれほど多くの人が殺されたり、傷ついたりしないで済んだのではないか。僕はそう考えてしまいます。

自分の手は「汚れている」という自覚があれば、暴力的な政策を選択するときに、幾分かの「ためらい」があるでしょう。けれども、自分の手は「白い」、自分たちがこれまでふるってきた暴力はすべて「正義の暴力」であり、それについて反省や悔悟を全く感じる必要はない、ということが公式の歴史になった国の国民には、そのような「ためらい」が生まれない。フランスにおけるムスリム市民への迫害も、そのような「おのれの暴力性についての無自覚」のせいで抑制が効きにくくなっているのではないでしょうか。

他の敗戦国はどうでしょう。ハンガリーは最近、急激に右傾化して、排外主義的な傾向が出てきています。タイも久しく穏やかな君主制でいましたけれども、近年はタクシン派と反タクシン派が戦い続けて、国内はしばしば内戦に近い状態を呈しています。スロバキアとかクロアチアとかにもやはり政治的にある種の不安定さを常に感じます。

戦争後は、どの国も「この話はなかったことに」という国民的合意に基づいて「臭いものに蓋《ふた》」をした。当座はそれでよかったかもしれません。でも、蓋の下では、抑圧された国民的な「恥辱」や「怨嗟《えんさ》」がいつまでも血を流し、腐臭を発している。だから、ハンガリーの現在の政治状況や、タイの現在の政治状況が、それぞれの国の敗戦経験の総括と全く無関係かどうかということは、かなり精密な検証をしてみないとわからない。そこには何らかの「関連がある」という仮説を立てて検証をしてみてよいのではないか。してみるだけの甲斐《かい》はあると僕は思います。

ドイツ統合は敗戦の否認か

戦争の記憶を改竄《かいざん》することによって、敗戦国民は当座の心の安らぎは手に入れることができるかもしれません。でも、そこで手に入れた「不当利得」はどこかで返済しなければならない。いずれ必ず後でしっぺ返しが来る。世界の敗戦国を一瞥《いちべつ》すると、どこも七〇年かけて、ゆっくりと、でも確実に「記憶の改竄」のツケを支払わされている。『永続敗戦論』が明らかにしたように、日本も敗戦の否認のツケを払わされている。そして、この返済はエンドレスなんです。「負債がある」という事実を認めない限り、その負債を割賦でいいから返していかない限り、この「負債」は全く別の様態をとって、日本人を責め続ける。

「ドイツは敗戦経験の総括に成功した」と多くの人が言います。でも、本当にそうなんでしょうか。僕は簡単には諾《うべな》うことができません。東ドイツのことを勘定に入れ忘れているような気がするからです。

東ドイツは「戦勝国」なんです。東ドイツはナチスと戦い続けたコミュニストが戦争に勝利して建国した国だという話になっている。だから、東ドイツ国民はナチスの戦争犯罪に何の責任も感じていない。感じることを国策的に禁止されていた。責任なんか感じてるはずがない。自分たちこそナチスの被害者であり、敵対者だということになっているんですから。悪虐非道なるナチスと戦って、それを破り、ドイツ国民をナチスの軛《くびき》から解放した人々が、何が悲しくて、ナチスの戦争犯罪について他国民に謝罪しなければならないのか。

一九九〇年に合併した当時、西ドイツと東ドイツとは人口比でいうと四対一でした。ということは、その時点では、全ドイツ人口の二〇%、一六〇〇万人は「自分たちはナチスドイツの戦争犯罪に何の責任もない」と子供の頃からずっと教えられてきた人たちだったということです。それが合併後のドイツの国民的自意識にどういう影響を与えたのか。僕は寡聞にして知りません。

日本国内に「日本軍国主義者の戦争犯罪について、われわれには何の責任もない。われわれは彼らと戦って、日本を解放したのである」と教えられて来た人が二四〇〇万人いる状況を想定してください。そう信じている「同胞」を受け容れ、戦争経験について国民的規模での総括を行い、合意を形成するという作業がどれほど困難であるか、想像がつくと思います。さて、果たして、ドイツでは東西ドイツが合併したときに、戦争経験の総括について、国民的合意を形成し得たのか。僕は「ドイツはこんな風に合意形成を成し遂げました」と納得のゆく説明をしたものをこれまで読んだことがありません。いや、それは僕がただ知らないだけで、そういう「全く相容れない戦争経験総括を一つにまとめあげたドイツの素晴らしい政治的達成」についてはすでに色々な報告や研究が出ているのかもしれません。でも、そうだとしたら、それこそ「国民的和解」の最良のモデルケースであるわけですから、国内的な対立を抱えるさまざまな国について、何かあるごとに、「ここでも

『和解のためのドイツ・モデル』を適用すべきではないか」ということが言及されてよいはずです。でも、僕はそのような「和解モデル」について聞いたことがない。

ドイツの戦争総括の適切さを語るときに、よくヴァイツゼッカー元大統領の演説が引かれます。この人はヨーロッパの諸国を訪れては、そのつどきちんとナチス・ドイツ時代の戦争犯罪について謝罪しています。その倫理的な潔さは疑うべくもありません。けれども、やはり日本とは話の運びが微妙に違う。ヴァイツゼッカーは五月八日、ドイツが連合国に無条件降伏した日を「ドイツ国民解放の日」と言っているからです。われわれはナチスの暴虐からその日に解放されたのであり、それをことほぐという立場を取る。悪いのはあくまでナチスとその軍事組織や官僚組織や秘密警察組織であって、ドイツ国民はその犠牲者であったという立場は譲らない。ドイツ国民の罪はナチスのような政党を支持し、全権を委ねてしまったことにある。そのような過ちを犯したことは認めるけれども、基本的にはドイツ国民もまたナチスの被害者であり、敗戦によってナチスの軛から解放されたという物語になっている。

日本人にも敗戦が一種の解放感をもたらしたということは事実だったでしょう。けれども、八月一五日を「解放の日」だと言う人はほとんどいません。表だってそう発言するのは、かなり勇気が要る。ですが、実感としては、それに近いことを思っていた日本人は少なくなかったと思います。

小津安二郎の遺作『秋刀魚《さんま》の味』（松竹、一九六二年）の中で、笠智衆《りゅうちしゅう》の演じる今はサラリーマンをしている駆逐艦の元艦長平山と、加東大介の演じるかつての駆逐艦の乗組員坂本が、町なかでばったり出会うという場面があります。坂本が平山を誘って、トリスバーのカウンターに座ってウィスキーを飲む。このときに坂本が「艦長、もし日本が勝っていたらどうなったんですかね」と問う。平山は静かに笑いながら、「負けてよかったじゃないか」と答える。そうすると、坂本は「そうですかねえ?」と一瞬怪訝《けげん》な顔をするのですが、ふと得心したらしく、「そうかもしれねえな。ばかな野郎が威張らなくなっただけでもね」と呟《つぶや》く。これは敗戦がもたらした解放感についての、あの世代の偽らざる実感だったんじゃないかなと思います。

僕は一九五〇年生まれで、父はもちろん戦中派なのですが、僕が小さい頃に、父が会社の同僚を家に連れてきて飲んでいるときに、誰かが「負けてよかったじゃないか」と呟くのを僕は二三度聞いたことがあります。特に力んで主張するというのではなく、何かの弾みにぽろりと口にされる。そして、その言葉が口にされると、男たちは皆黙り込む。それで怒り出す人もいないし、泣き出す人もいない。それは思想とは言えないものでした。敗戦の総括としてはあまりに言葉が足りない。けれども、おそらくこれが戦中派の実感だったと思います。それが世代的な実感として、言挙げしないでも共有されている限り、そのような敗戦の総括もそれなりのリアリティーを持ち得た。ただ、そういう片言隻句だけでは、彼らの思いが輪郭のしっかりした思想として次の世代に継承されることはありません。

恥ずべき過去も含んだタフな物語

白井さんの本を読んでいると、日本は異常な仕方で敗戦を否認してきたことがわかる。その通りなんですけれども、それだけでなく、多くの敗戦国はそれぞれ固有の仕方で自国の敗戦を否認している。僕にはそう思われます。

それぞれの国は自国について、長い時間をかけてそれまで積み上げてきた「国民の物語」を持っています。これは戦争に勝っても負けても手放すことができない。だから、自分たちの戦争経験を、世代を超えて語り継がれる「物語」に何とかして統合しようとした。日本人は歴史について都合の悪いことは書かないと指摘されます。でも、それは程度の差はあれ、どこの国も同じなんです。戦争をどう総括するかということは、まっすぐに自分たち自身に対する、世代を超えて受け継がれる「評価」に繋《つな》がる。だから、大幅に自己評価を切り下げるような「評価」はやはり忌避される。もし敗北や、戦争犯罪についての経験を「国民の物語」に繰り込むことができた国があるとすれば、それは非常に「タフな物語」をつくり上げたということです。

自分たちの国には恥ずべき過去もある。口にできない蛮行も行った。そういったことを含めて、今のこの国があるという、自国についての、奥行きのある、厚みのある物語を共有できれば、揺るがない、土台のしっかりとした国ができる。逆に、口当たりのよい、都合のよい話だけを積み重ねて、薄っぺらな物語をつくってしまうと、多くの歴史的事実がその物語に回収できずに、脱落してしまう。でも、物語に回収されなかったからといって、忘却されてしまうわけではありません。抑圧されたものは必ず症状として回帰してくる。これはフロイトの卓見です。押し入れの奥にしまい込んだ死体は、どれほど厳重に梱包《こんぽう》しても、そこにしまったことを忘れても、やがて耐えがたい腐臭を発するようになる。

僕は歴史修正主義という姿勢に対しては非常に批判的なのですけれども、それは、学問的良心云々というより、僕が愛国者だからです。日本がこれからもしっかり存続してほしい。盤石の土台の上に、国の制度を基礎づけたい。僕はそう思っている。そのためには国民にとって都合の悪い話も、体面の悪い話も、どんどん織り込んで、清濁併せ呑《の》める「タフな物語」を立ち上げることが必要だと思う。だから、「南京虐殺はなかった」とか「慰安婦制度に国は関与していない」とかぐずぐず言い訳がましいことを言っているようではだめなんです。

過去において、国としてコミットした戦争犯罪がある。戦略上の判断ミスがある。人間として許しがたい非道な行為がある。略奪し、放火し、殺し、強姦《ごうかん》した。その事実は事実として認めた上で、なぜそんなことが起きたのか、なぜ市民生活においては穏やかな人物だった人たちが「そんなこと」をするようになったのか、その文脈をきちんと捉《とら》えて、どういう信憑《しんぴょう》が、どういう制度が、どういうイデオロギーが、そのような行為をもたらしたのか、それを解明する必要がある。同じようなことを二度と繰り返さないためには、その作業が不可欠です。そうすることで初めて過去の歴史的事実が「国民の物語」のうちに回収される。「汚点」でも「恥ずべき過去」でも、日の当たるところ、風通しのよいところにさらされていればやがて腐臭を発することを止めて「毒」を失う。

その逆に、本当にあった出来事を「不都合だから」「体面に関わるから」というような目先の損得で隠蔽《いんぺい》し、否認すれば、その毒性はしだいに強まり、やがてその毒が全身に回って、共同体の「壊死《えし》」が始まる。

カウンターカルチャーがアメリカの強さ

なぜアメリカという国は強いのか。それは「国民の物語」の強さに関係していると僕は思っています。戦勝国だって、もちろん戦争経験の総括を誤れば、毒が回る。勝とうが負けようが、戦争をした者たちは、口に出せないような邪悪なこと、非道なことを、さまざま犯してきている。もし戦勝国が「敵は『汚い戦争』を戦ったが、われわれは『きれいな戦争』だけを戦ってきた。だから、われわれの手は白い」というような、薄っぺらな物語をつくって、それに安住していたら、戦勝国にも敗戦国と同じような毒が回ります。そして、それがいずれ亡国の一因になる。

アメリカが「戦勝国としての戦争の総括」にみごとに成功したとは僕は思いません。でも、戦後七〇年にわたって、軍事力でも経済力でも文化的発信力でも、世界の頂点に君臨しているという事実を見れば、アメリカは戦争の総括において他国よりは手際がよかったとは言えるだろうと思います。

アメリカが超覇権国家たりえたのは、これは僕の全く独断と偏見ですけれども、彼らは

「文化的復元力」に恵まれていたからだと思います。カウンターカルチャーの手柄です。

七〇年代のはじめまで、ベトナム戦争中の日本社会における反米感情は今では想像できないほど激しいものでした。ところが、一九七五年にベトナム戦争が終わると同時に、潮が引くように、この反米・嫌米感情が鎮まった。つい先ほどまで「米帝打倒」と叫んでいた日本の青年たちが一気に親米的になる。この時期に堰を切ったようにアメリカのサブカルチャーが流れ込んできました。若者たちはレイバンのサングラスをかけて、ジッポーで煙草《たばこ》の火を点《つ》け、リーバイスのジーンズを穿《は》き、サーフィンをした。なぜ日本の若者たちが「政治的な反米」から「文化的な親米」に切り替わることができたのか。それは七〇年代の日本の若者が享受しようとしたのが、アメリカのカウンターカルチャーだったからです。

カウンターカルチャーはアメリカの文化でありながら、反体制・反権力的なものでした。日本の若者たちがベトナム反戦闘争を戦って、機動隊に殴られているときに、アメリカ国内でもベトナム反戦闘争を戦って、警官隊に殴られている若者たちがいた。アメリカ国内にもアメリカ政府の非道をなじり、激しい抵抗を試みた人たちがいた。海外にあってアメリカの世界戦略に反対している人間にとっては、彼らこそがアメリカにおける「取りつく島」であったわけです。つまり、アメリカという国は、国内にそのつどの政権に抗《あらが》う「反米勢力」を抱えている。ホワイトハウスの権力的な政治に対する異議申し立て、ウォール街の強欲資本主義に対する怒りを、最も果敢にかつカラフルに表明しているのは、アメリカ人自身です。この人たちがアメリカにおけるカウンターカルチャーの担い手であり、僕たちは彼らにになら共感することができた。僕たちがアメリカ政府に怒っている以上に激しくアメリカ政府に怒っているアメリカ人がいる。まさにそれゆえに僕たちはアメリカの知性と倫理性に最終的には信頼感を抱くことができた。反権力・反体制の分厚い文化を持っていること、これがアメリカの最大の強みだと僕は思います。

ベトナム戦争が終わると、ベトナムからの帰還兵が精神を病み、暴力衝動を抑制できなくなり、無差別に人を殺すという映画がいくつもつくられました。ロバート・デ・ニーロの『タクシードライバー』（一九七六年）がそうですし、『ローリング・サンダー』（一九七七年）もスタローンの『ランボー』（一九八二年）もそうです。アメリカ人はそういう物語を商業映画・娯楽映画として製作し、観客もこれを受け入れた。僕たちはそのことにあまり驚きを感じません。けれども、たとえば日本でイラク駐留から帰ってきた自衛隊員が精神を病んで、市民を殺しまくるなんていう映画をつくることが可能でしょうか。まず、企画段階で潰《つぶ》されるだろうし、官邸からも防衛省からも激しい抗議があるでしょうし、上映しようとしたら映画館に右翼の街宣車が来て、とても上映できないということになるでしょう。それを考えたら、アメリカのカウンターカルチャーの強さが理解できると思います。彼らはベトナム戦争の直後に、自分たちの政府が強行した政策がアメリカ人自身の精神をどう破壊したかを、娯楽映画として商品化してみせたのです。同じことができる国が世界にいくつあるか、数えてみてほしいと思います。

アメリカではこれができる。ハリウッド映画には、大統領が犯人の映画、CIA長官が犯人の映画というような映画も珍しくありません。クリント・イーストウッドの『目撃』（一九九七年）もケヴィン・コスナーの『追いつめられて』（一九八七年）もそうです。警察署長が麻薬のディーラーだった、保安官がゾンビだったというような映画なら掃いて捨てるほどあります。アメリカ映画は、「アメリカの権力者たちがいかに邪悪な存在でありうるか」を、物語を通じて、繰り返し、繰り返し国民に向けてアナウンスし続けている。世界広しといえども、こんなことができる国はアメリカだけです。

歴史上の汚点を供養する

米ソは冷戦時代には軍事力でも科学技術でも拮抗《きっこう》状態にありましたが、最終的には一気にソ連が崩れて、アメリカが生き残った。最後に国力の差をつくり出したのは、カウンターカルチャーの有無だったと僕は思います。自国の統治システムの邪悪さや不条理を批判したり嘲弄《ちょうろう》したりする表現の自由は、アメリカにはあるけれどもソ連にはなかった。この違いが「復元力」の違いになって出てくる。

どんな国のどんな政府も必ず失策を犯します。「無謬《むびゅう》の統治者」というようなものはこの世には存在しません。あらゆる統治者は必ずどこかで失策を犯す。そのときに、自分の間違いや失敗を認めず、他罰的な言い訳をして、責任を回避する人間たちが指導する国と、統治者はしばしば失敗するということを織り込み済みで、そこから復元するシステムを持っている国とでは、どちらが長期的にはリスクを回避できるか。考えるまでもありません。

もちろん、ソ連や中国にも優れた政治指導者がいました。個人的に見れば、アメリカの大統領よりはるかに知性的にも倫理的にも卓越していた指導者がいた。でも、まさにそうであるがゆえに、体制そのものが「指導者が無謬であることを前提にして」制度設計されてしまった。それがじわじわとこれらの国の国力を損ない、指導者たちを腐敗させていった。中国だって、今は勢いがありますけれど、指導部が「無謬」であるという物語を手放さない限り、早晩ソ連の轍《てつ》を踏むことになるだろうと僕は思います。

ヨーロッパでは、イギリスにはいくらか自国の統治者たちを冷笑する、皮肉な文化が残っています。カナダにも。だから、これはアングロサクソンの一つの特性かもしれません。アメリカの国力を支えているのは、自国について「タフな物語」を持っているという事実です。「タフな胃袋」と同じで、何でも取り込める。

アメリカ人は、自国の「恥ずべき過去」を掘り返すことができる。自分たちの祖先がネイティブ・アメリカンの土地を強奪したこと、奴隷たちを収奪することによって産業の基礎を築いたこと。それを口にすることができる。そのような恥ずべき過去を受け入れることができるという「器量の大きさ」において世界を圧倒している。

カウンターカルチャーとメインカルチャーの関係は、警察の取り調べのときに出てくる「グッド・コップ」と「バッド・コップ」の二人組みたいなものです。一方が容疑者を怒鳴り散らし、他方がそれをとりなす。一方が襟首をつかんでこづき回すと、他方がまあまあとコーヒーなんか持ってくる。そうすると、気の弱った容疑者は「グッド・コップ」に取りすがって、この人の善意に応えようとして、自分の知っていることをぺらぺらとしゃべりだす。映画ではよく見る光景ですけれど、メインカルチャーとカウンターカルチャー、権力と反権力の「分業」というのはそれに似ています。複数の語り口、複数の価値観を操作して、そのつどの現実にフレキシブルに対応してゆく。

　だから、アメリカには「国民の物語」にうまく統合できない、呑み込みにくい歴史的事実が他国と比べると比較的少ない。「押し入れの中の死体」の数がそれほど多くないということです。もちろん、うまく取り込めないものもあります。南北戦争の敗者南部一一州の死者たちへの供養は、僕の見るところ、まだ終わっていない。アメリカ＝メキシコ戦争による領土の強奪の歴史もうまく呑み込めていない。アメリカにとって都合のよい話につくり替えられた『アラモ』（一九六〇年）で当座の蓋をしてしまった。この蓋をはずして、もう一度デイビー・クロケットやジム・ボウイの死体を掘り起こさないといずれ腐臭が耐えがたいものになってくる。いや、現代アメリカにおける「メキシコ問題」というのは、遠因をたどれば「アラモ」の物語があまりに薄っぺらだったことに起因していると言ってもよいのではないかと僕は思います。アメリカ＝スペイン戦争もそうです。ハワイの併合に関わる陰謀も、フィリピン独立運動の暴力的弾圧も、キューバの支配がもたらした腐敗もそうです。アメリカがうまく呑み込めずにいるせいで、娯楽作品として消費できない歴史的過去はまだいくらもあります。でも、これらもいずれ少しずつ「国民の物語」に回収されてゆくだろうと僕は予測しています。アメリカ人は、統治者が犯した失政や悪政の犠牲者たちを「供養する」ことが結果的には国力を高めることに資するということを経験的に知っているからです。そして、どの陣営であれ、供養されない死者たちは「祟《たた》る」ということを、無意識的にでしょうが、信じている。彼らの国のカウンターカルチャーは、「この世の価値」とは別の価値があるという信憑に支えられている。

淡々と記述し物語ることこそが最大の供養

僕の父は山形県鶴岡の生まれです。ご存じでしょうか、庄内人たちは西郷隆盛が大好きです。庄内藩は戊辰《ぼしん》戦争で最後まで官軍に抵抗して、力戦しました。そして、西郷の率いる薩摩《さつま》兵の前に降伏した。けれども、西郷は敗軍の人たちを非常に丁重に扱った。死者を弔い、経済的な支援をした。一方、長州藩に屈服した会津藩では全く事情が違います。長州の兵は、会津の敗軍の人々を供養しなかった。事実、死者の埋葬さえ許さず、長い間、さらしものにしていた。

薩摩長州と庄内会津、どちらも同じ官軍・賊軍の関係だったのですが、庄内においては勝者が敗者に一掬《いっきく》の涙を注いだ。すると、恨みが消え、信頼と敬意が生まれた。庄内藩の若者たちの中には、のちに西南戦争のときに、西郷のために鹿児島で戦った者さえいますし、西郷隆盛の談話を録した『南洲翁遺訓』は庄内藩士が編纂《へんさん》したものです。一方、会津と長州の間には戊辰戦争から一五〇年経った今もまだ深い溝が残ったままです。

靖国《やすくに》参拝問題が、あれだけもめる一因は靖国神社が官軍の兵士しか弔っていないからです。時の政府に従った死者しか祀《まつ》られない。東北諸藩の侍たちも国のために戦った。近代日本国家をつくり出す苦しみの中で死んでいった。そういう人々については、敵味方の区別なく、等しく供養するというのが日本人としては当然のことだろうと僕は思います。

僕の曽祖父は会津から庄内の内田家に養子に行った人です。曽祖父の親兄弟たちは会津に残って死にました。なぜ、彼らは「近代日本の礎をつくるために血を流した人たち」に算入されないのか。供養というのは党派的なものではありません。生きている人間の都合を基準にした論功行賞でなされるべきものではありません。だから、僕は靖国神社というコンセプトそのものに異議があるのです。明治政府の最大の失敗は、戊辰戦争での敗軍の死者たちの供養を怠ったことにあると僕は思っています。反体制・反権力的な人々を含めて、死者たちに対してはその冥福《めいふく》を祈り、呪鎮の儀礼を行う。そのような心性が「タフな物語」を生み出し、統治システムの復元力を担保する。その考えからすれば、「お上」に逆らった者は「非国民」であり、死んでも供養に値しないとした明治政府の狭量から近代日本の蹉跌《さてつ》は始まったと僕は思っています。

「祟る」というのは別に幽霊が出てきて何かするという意味ではありません。国民について物語が薄っぺらで、容量に乏しければ、「本当は何があったのか」という自国の歴史についての吟味ができなくなるということです。それは、端的には、自分たちがかつてどれほど邪悪であり、愚鈍であり、軽率であったかについては「知らないふりをする」ということです。失敗事例をなかったことにすれば、失敗から学ぶことはできません。失敗から学ばない人間は同じ失敗を繰り返す。失敗を生み出した制度や心性は何の吟味もされずに、手つかずのまま残る。ならば、同じ失敗がまた繰り返されるに決まっている。その失敗によって国力が弱まり、国益が失われる、そのことを僕は「祟る」と言っているのです。「祟り」を回避するためには適切な供養を行うしかない。そして、最も本質的な供養の行為とは、死者たちがどのように死んだのか、それを仔細《しさい》に物語ることです。細部にわたって、丁寧に物語ることです。それに尽くされる。

司馬遼太郎は「国民作家」と呼ばれますけれど、このような呼称を付与された作家は多くありません。それは必ずしも名声ともセールスとも関係がない。司馬が「国民作家」と見なされるのは、近代日本が供養し損なった幕末以来の死者たちを、彼が独力で供養しようとしたからです。その壮図を僕たちは多とする。

司馬遼太郎は幕末動乱の中で死んだ若者たちの肖像をいくつも書きました。坂本龍馬や土方歳三については長編小説を書きました。もっと短いわずか数頁ほどの短編で横顔を描かれただけの死者たちもいます。それは別に何らかの司馬自身の政治的メッセージを伝えたとか、歴史の解釈を説いたというより、端的に「肖像を描く」ことを目指していたと思います。

司馬遼太郎の最終的な野心は、ノモンハン事件を書くことでした。でも、ついに書き上げることができなかった。一九三九年のノモンハン事件とは何だったのか、そこで人々はどのように死んだのか、それを仔細に書くことができれば、死者たちに対してはある程度の供養が果たせると思ったのでしょう。でも、この計画を司馬遼太郎は実現できませんでした。それはノモンハン事件にかかわった軍人たちの中に、一人として司馬が共感できる人物がいなかったからです。日露戦争を描いた『坂の上の雲』には秋山好古や児玉源太郎や大山巌など魅力的な登場人物が出てきます。けれども、昭和初年の大日本帝国戦争指導部には司馬をしてその肖像を仔細に書きたく思わせるような人士がもう残っていなかった。これは本当に残念なことだったと思います。

ノモンハンを書こうとした作家がもう一人います。村上春樹です。『ねじまき鳥クロニクル』（新潮社、一九九四〜九五年）で村上春樹はノモンハンについて書いています。でも、なぜノモンハンなのか。その問いに村上は答えていない。何だかわからないけれども、急に書きたくなったという感じです。でも、ノモンハンのことを書かないと日本人の作家の仕事は終わらないと直感したというところに、この人が世界作家になる理由があると僕は思います。日本人にとっての「タフな物語」の必要性を村上春樹も感じている。それが今の日本に緊急に必要なものであるということをよくわかっている。

「美しい日本」というような空疎な言葉を吐き散らして、自国の歴史を改竄して、厚化粧を施していると、「国民の物語」はどんどん薄っぺらで、ひ弱なものになる。それは個人の場合と同じです。「自分らしさ」についての薄っぺらなイメージをつくり上げて、その自画像にうまく当てはまらないような過去の出来事をすべて「なかったこと」にしてしまった人は、現実対応能力を致命的に損なう。だって、会いたくない人が来たら目を合わせない、聴きたくない話には耳を塞《ふさ》ぐんですから。そんな視野狭窄《きょうさく》的な人間が現実の変化に適切に対応できるはずがありません。集団の場合も同じです。

国力とは国民たちが「自国は無謬であり、その文明的卓越性ゆえに世界中から畏敬《いけい》されている」というセルフイメージを持つことで増大するというようなものではありません。逆です。国力とは、よけいな装飾をすべて削り落として言えば、復元力のことです。失敗したときに、どこで自分が間違ったのかをすぐに理解し、正しい解との分岐点にまで立ち戻れる力のことです。国力というのは、軍事力とか経済力とかいう数値で表示されるものではありません。失敗したときに補正できる力のことです。それは数値的には示すことができません。でも、アメリカの「成功」例から僕たちが学ぶことができるのは、しっかりしたカウンターカルチャーを持つ集団は復元力が強いという歴史的教訓です。

僕はこの点については「アメリカに学べ」と言いたいのです。日本の左翼知識人には、あまりアメリカに学ぶ人はいません。親米派の学者たちも、よく見ると、まったくアメリカに学ぶ気はない。アメリカに存在する実定的な制度を模倣することには熱心ですけれど、なぜアメリカは強国たりえたのかについて根源的に考えるということには全く興味を示さない。アメリカの諸制度の導入にあれほど熱心な政治家も官僚も、アメリカにあって日本に欠けているものとしてまずカウンターカルチャーを挙げる人はいません。連邦制を挙げる人もいない。でも、アメリカの歴史的成功の理由はまさに「一枚岩になれないように制度をつくり込んだ」という点にあるのです。でも、日本のアメリカ模倣者たちは、それだけは決して真似《まね》しようとしない。

　ほかにもいろいろ言いたいことはありますけれど、すでに時間を大分超えてしまったので、この辺で終わります。ご静聴ありがとうございました。

【Q&A】

姜　今日のお話を聞いていて、どういう「物語」をつくるかということが最大のポリティクスになっている気がします。内田さんの比較敗戦論は、我々のパースペクティブを広げてくれました。韓国や中国では日本例外論、単純にドイツと日本を比較して日本はだめなんだ、だから我々は日本を半永久に批判していい、そういう理屈立てになりがちです。そのときに内田さんの比較敗戦論をもちいてみると、我々のブラインドスポットになっている部分がよく見えてくる。解放の物語の自己欺瞞《ぎまん》みたいなところも見えてくる。ところが、安倍首相のような人が出てくると、かつて自分たちが植民地であった、侵略をされた国は、逆に、ますます解放の物語を検証することをやらなくて済んでしまいますね。

内田　イージーな物語に対してイージーな物語で対抗すれば、どちらもどんどんシンプルでイージーな話に落ち込んでしまう。実際の歴史的な事件は「善玉と悪玉が戦っている」というようなシンプルな話ではないんです。さまざまな人たちが複雑な利害関係の中でわかりにくい行動を取っている。うっかりすると、本人たち自身、自分たちがどういう動機で行動しているのか、いかなる歴史的な役割を果たしているのか、わかっていないということだってある。それが歴史の実相だろうと思います。ですから、それをありのままに淡々と記述していく。軽々には評価を下さない。わかりやすいストーリーラインに落とし込むという誘惑にできる限り抵抗する。そういう歴史に対する自制心が非常に大事になると思います。

こういう仕事においては、歴史を叙述するときの語り口、ナラティブの力というのが大きいと思うんです。最近、読んだ本の中でフィリップ・ロスの小説『プロット・アゲンスト・アメリカ――もしもアメリカが…』（柴田元幸訳、集英社、二〇一四年）がとても面白かった。これは一九四〇年の米大統領選挙でルーズベルトではなく、共和党から出馬した大西洋単独無着陸飛行の英雄チャールズ・リンドバーグ大佐がヨーロッパでの戦争への不干渉を掲げて勝利してしまうという近過去SFなんです。現実でも、リンドバーグは親独的立場で知られていて、ゲーリングから勲章を授与されてもいます。ロスの小説では、アメリカに親独派政権が誕生して、ドイツと米独不可侵条約を、日本とは日米不可侵条約を結ぶ。そして、アメリカ国内では激しいユダヤ人弾圧が起きる……という話です。

僕はナラティブというのは、こういうSF的想像力の使い方も含むと思います。もし、あのときにこうなっていたらというのは、本当に大事な想像力の使い方だと思う。

フィリップ・K・ディックの一九六二年刊の『高い城の男』（浅倉久志訳、早川文庫、一九八四年）というSFがあります。これは枢軸国が連合国に勝った世界の話です。日独がアメリカを占領している。東海岸がドイツ占領地で、ロッキー山脈から西側が日本の占領地。そういう場合に、日本人はアメリカをどういうふうに植民地的に統治するのか、それを考えるのは実は非常に大事な思考訓練なんです。実際に日本がアメリカ西部を安定的に統治しようとしたら、日本の価値観とか美意識とか規範意識を「よいものだ」と思って、自発的に「対日協力」をしようと思うアメリカ人を集団的につくり出すしかない。ドイツがフランスでやったのはそういうことでした。でも、日本の戦争指導部にそのようなアイディアがあったと僕は思いません。

アメリカの方は、日本に勝った後にどうやって占領するかの計画を早々と立案していた。

日本人のものの考え方とか組織のつくり方とかを戦時中に民族学者に委託して研究しています。卓越した日本人論として今も読み継がれているルース・ベネディクトの『菊と刀』は、ルーズベルトが設置した戦争情報局の日本班のチーフだったベネディクトが出した調査報告書をもとに書かれたものです。日本社会を科学的に研究して、どういう占領政策が適切かを戦争が終わる前にもう策定していた。

果たして日本の大本営に、アメリカに勝った後どうやってアメリカを統治するか、何らかのプランがあったでしょうか。どうやって対日協力者のネットワークを政治家や学者やジャーナリストやビジネスマンの中に組織するかというようなことをまじめに研究していた部門なんか、日本の軍部のどこにも存在しなかったと思います。戦争に勝ったらどうするのかについて何の計画もないままに戦争を始めたんです。そんな戦争に勝てるはずがない。

僕のSF的妄想は、一九四二年のミッドウェー海戦の敗北で、これはもう勝てないなと思い切って、停戦交渉を始めたらどうなったかというものです。史実でも、実際に、当時の木戸幸一内大臣と吉田茂たちは、すでに講和のための活動を始めています。近衛文麿《このえふみまろ》をヨーロッパの中立国に送って、連合国との講和条件を話し合わせようという計画があった。

もし、この工作が奏功して、四二年か四三年の段階で日本が連合国との休戦交渉に入っていれば、それからあとの日本の国のかたちはずいぶん違ったものになっただろうと思います。

ミッドウェー海戦で、帝国海軍は主力を失って、あとはもう組織的抵抗ができない状態でした。戦い続ければ、ただ死傷者を増やすだけしか選択肢がなかったのに、「攻むれば必ず取り、戦へば必ず勝ち」（「戦陣訓」）というような、まったく非科学的な軍事思想に駆動されていたせいで、停戦交渉という発想そのものが抑圧された。

この時点で戦争を止めていれば、本土空襲もなかったし、沖縄戦もなかったし、原爆投下もなかった。三〇〇万人の死者のうち、九五％は死なずに済んだ。民間人の死傷者はほぼゼロで済んだはずです。ミッドウェーは日本軍の歴史的敗北でしたけれど、死者は三〇〇〇人でした。ほとんどの戦死者（実際には戦病死者と餓死者でしたが）はその後の絶望的、自滅的な戦闘の中で死んだのです。

空襲が始まる前に停戦していれば、日本の古い街並みは、江戸時代からのものも、そのまま手つかずで今も残っていたでしょう。満州と朝鮮半島と台湾と南洋諸島の植民地は失ったでしょうけれど、沖縄も北方四島も日本領土に残され、外国軍に占領されることもなかった。一九四二年時点で、日本国内に停戦を主導できる勢力が育っていれば、戦争には負けたでしょうけれど、日本人は自分の手で敗戦経験の総括を行うことができたでしょう。なぜこのような勝ち目のない戦争に突っ込んで行ったのか、どこに組織的瑕疵《かし》があったのか、どのような情報を入力し忘れていたのか、どのような状況判断ミスがあったのか、それを自力で検証することができた。戦争責任の徹底追及を占領軍によってではなく、日本人自身の手で行えた可能性はあった。日本人が自分たちの手で戦争責任を追及し、憲法を改定して、戦後の日本の統治システムを日本人が知恵を絞ってつくり上げることは可能だった。

「もしミッドウェーで戦争が終わっていたら、その後の戦後日本はどんな国になったのか」というようなSF的想像はとてもたいせつなものだと僕は思います。これはフィクションの仕事です。小説や映画やマンガが担う仕事です。政治学者や歴史学者はそういう想像はしません。でも、「そうなったかもしれない日本」を想像することは、自分たちがどんな失敗を犯したのかを知るためには実は極めて有用な手立てではないかと僕は思っています。「アメリカの属国になっていなかった日本」、それが僕たちがこれからあるべき日本の社会システムを構想するときに参照すべき最も有用なモデルだと思います。

第三回　本と新聞と大学は生き残れるか

東　浩紀

〔あずま・ひろき〕

批評家、思想家、小説家。一九九四年東京大学教養学部教養学科第一科学史・科学哲学分科卒業。一九九九年同大学院総合文化研究科博士課程修了（学術博士）。国際大学グローバル・コミュニケーションセンター教授・副所長、早稲田大学文学学術院教授などを歴任。二〇一〇年合同会社コンテクチュアズ（現・株式会社ゲンロン）を創立し代表取締役社長。一九九九年『存在論的、郵便的　ジャック・デリダについて』で第二一回サントリー学芸賞、二〇一〇年小説『クォンタム・ファミリーズ』で第二三回三島由紀夫賞を受賞。

（講義日　二〇一五年九月二八日）

モデレーター／姜尚中

【講演】

人文知の伝統はどこにあるのか

今日は、「本と新聞と大学は生き残れるか」と題してお話しさせていただくわけですが、僕は、今では大学教員も辞めてしまい、最近は新聞にもあまり出ていませんし、すっかり自分のやりたいことしかやらない人になってしまっているので、皆さんの参考になるようなお話ができるかどうかわかりません。けれども、僕が今取り組んでいる事業の経験やそこで考えるところを通じて、お話ししたいと思います。

さて、皆さんもご存じのとおり、今、国立大学の人文社会科学系学部の危機が叫ばれています。ことの発端は、二〇一五年六月に、文部科学省が全国の国立大学に向けて発した「国立大学法人等の組織及び業務全般の見直しについて」という通知です。要するに、人文系学部の統廃合を検討するようにという国からの要請ですが、これが世間では「文系軽視」とか「文系学部廃止」として受け止められて大騒ぎになっているわけです。

これに対して僕は、人文系学部は本当に重要なのか、人文学って何だろうという議論が広まることはよいことだと思いますが、人文系学部の危機は、じつは必ずしも人文知の危機ということを意味しないと思っています。というのも、そもそも日本においては、大学だけが人文知を養う機関ではないと思うからです。

この国では、大学という制度は明治時代に輸入されたものです。どうして文学部でフランス文学なりドイツ文学なりを教え、学んだかといえば、当時、フランスやドイツが先進国で、そのフランスやドイツのものを読むためにはドイツ語やフランス語を習得する必要があり、また、彼らの技術を輸入するためには、彼らの文化を知る必要があったわけですね。したがって、その意味では、日本においては文学部そのものが一種の実学志向のなかで生まれたと言えます。

一方、日本における人文知の伝統はどういうところにあるのか。それは、明治期につくられた大学だけにではなく、明治期よりもはるか昔から、つまり、長い歴史のなかで培われたさまざまな知的な伝統——仏教であり、儒教であり、和歌であり、物語であり、というような大学の外にあった文化的伝統——にもあるわけです。

このことは、じつは誰でも知っていることです。例えば、これからは実学の時代だから、歌舞伎をなくそうとか、寺を廃止しようとか誰も思わないわけです。つまり、僕たちの文化の中に根ざしているものとして、それが今の産業振興に直接役立たないものであっても、我々の文化的伝統のなかで重要な地位を占めていれば、当然それをやめるという話にはならない。ですから、「文系学部不要論」というような議論がこの国で出てしまうのは、裏を返せば、文学部がいかにこの国の知的な伝統の中に根ざしていなかったかということを意味しているのではないでしょうか。

僕はもともとフランス哲学を勉強していて、ジャン＝ジャック・ルソーという哲学者について本を書いたこともあります（『一般意志2.0――ルソー、フロイト、グーグル』講談社、二〇一一年）。ルソーは、皆さんもご存じのとおり、「民主主義の元祖」とも言われ、今でも世界中で読まれ、ルソーについての論文も書かれている、生きた哲学者です。実際、ルソーのフランス語は、フランス語を勉強すれば誰でも読めます。つまり、ルソーのフランス語と現在のフランス語はそんなに変わっていません。僕もルソーのフランス語が読めます。

ところが、ルソーと同年代の日本の知識人に本居宣長がいますが、我々にとって宣長は生きた思想家と言えるでしょうか。本来なら、宣長は今でも生きた思想家であると言えなければいけない。けれども、日本の知的な伝統は明治期に大きく切断されてしまったわけですね。それ以降の人文知はこの国の伝統ではなくて、ヨーロッパの伝統に接ぎ木したものになってしまった。ですから、役に立たない文学部なんかなくしてもいいよ、という議論が出てくるのでしょうけれど、この国に本当に根ざしている人文知とはどういうものだったのか、ということを根本的に考え直さなければいけない、そういうふうに議論を進めるべきだと思います。

大衆社会の出現によって生まれた日本の論壇

日本では、出版の危機も叫ばれています。これもじつはイコール人文知の危機ではありません。出版の危機だとされるのは、大規模出版のことです。

この問題で示唆に富むのは、批評家の大澤聡さんの『批評メディア論――戦前期日本の論壇と文壇』（岩波書店、二〇一五年）という本です。この本で大澤さんは、一九二〇年代から三〇年代にかけての昭和初期に、どのようにして批評が誕生したかということを考察しています。

皆さんもご存じかと思いますが、かつて文芸批評はかなり強い力をもっていました。今はもう力はありません。ではなぜ、文芸批評はすごい力をもっていたのか。そこで大澤さんは座談会という形式に注目します。皆さんは今でも雑誌などで座談会を読まれると思いますが、座談会という形式は、ほかの国にはあまり見られません。

座談会は、まず誰かが基調報告して、それに対して賛成意見や反対意見を述べて議論する場ではなく、何となく雑談から始まって、いつの間にか終わる（笑）。なかには話がすれ違ったまま終わることもあります。

では、座談会という形式は、いつ生まれたのか。大澤さんによると、それは一九二〇年代後半から三〇年代にかけての昭和初期です。一九二三年の関東大震災の直後に、円本（一冊一円の本）が出て、文学全集などが爆発的に売れるようになった。つまり、大衆社会の出現によって、大衆的教養というものが求められるようになったわけです。

大雑把に言えば、大衆消費社会化によって出版が隆盛し、知識人の数が足りなくなり、書き手や原稿を増やさなければならなくなった。そこで編み出されたのが座談会という形式なのです。

この形式を大々的に駆使したのが、菊池寛が創刊した『文藝春秋』（一九二三年創刊）で、そうしたコンテンツの大量生産によって成立したのが日本の論壇です。要するに、大衆社会の出現によって、大衆の知的欲求を満たすものとして論壇が生まれているわけですね。

したがって、日本の知識人はつねに、大衆とは何かということに囚《とら》われている。例えば吉本隆明は、まさに大衆とは何かということばかり考えていた人ですけれども、大衆とどうやって触れ合うのか、大衆に向けてどのようにメッセージを伝えるか、というのがこの国の論壇の根底にある精神です。

一九三〇年代の大衆社会の出現による出版の隆盛のなかで生まれた論壇はその後、一九八〇年代から九〇年代にかけてのいわゆる高度消費社会が形成された時代に、再び盛り上がりを見せます。この時代はバブルの時期で、出版がかつてないほど膨れ上がり、若手論壇人がたくさん出てくる。これは、一九三〇年代に起きたことのほとんど反復なのですが、この国では論壇はつねに大衆と通じているわけです。

しかし僕は、そうした事態は一見好ましいように見えて、じつは本来の言論やあるべき人文知の姿を見えにくくしていたのではないかと思います。天下国家について語るとか、文明について語るとか、めざすべき社会について考える人間は、もともとそんなにいるわけがなく、一〇〇万人が思想することなどありえないわけです。ところが日本では、そういう幻想が追い求められてきました。なぜなら、日本の論壇は大衆社会の出現と同時に生まれているからです。このような幻想というか呪いみたいなものは、じつは今に至るまで続いているわけですが、僕はこの呪いを崩壊させるというか、そういう思い込みを諦めたほうがいいと思っています。

大規模出版の危機と知の再生

出版の危機と言われているのは、一〇万部、一〇〇万部売れる本がなくなったということを意味しているわけです。大衆が本を買わなくなった、読まなくなった。だから、人文知というものが失われていくのではないかと人々は危惧《きぐ》するわけですが、じつは人文知には適正な規模がある。その適正な規模をしっかり取り戻すということが必要ではないか、というのが僕の考えです。

例えば、日本の出版業界には再販制度（再販売価格維持制度）というしくみがあります。これは本や雑誌を全国津々浦々まで届け、同一価格で販売するためのしくみです。どんな田舎町にも、どんなに小さな本屋にも、価格の差別なく知識や教養を届けることは、日本の出版の重要な理念です。これはとても美しい理念だと思いますが、人口が減少して経済が停滞し、出版市場が縮小するようになると、この理念を支えるための巨大な流通システムがむしろ重荷になってくるわけです。

出版はそもそも、コストがかからない事業です。極端な話、自分でコピーして綴《と》じても本はできる。映画を一本つくるのにも、音楽をつくるのにも、それなりにコストがかかります。だからもっと自由であるはずです。にもかかわらず、なぜいま出版が痩せ細っているように見えるかといえば、出版の規模が現実の市場よりあまりにも大きいままになっているからです。

つまり、取次と呼ばれる従来の出版流通システムが今の現実と合わなくなっていて、そのせいで逆に、新しい独自の考え方をもった人間が出版社を気軽に起業し、独創的な本を流通システムに乗せるということが困難になっている。なぜなら、大規模な取次会社と取引するためには、相応の刊行ペースと発行部数が必要だからです。それがこの国の現実なのです。

このような状況のなかで、人文知の再生を図るには、独立のメディアで適正な規模の独自の市場をつくりだしていくべきだと僕は思っています。

なぜ会社を起こしたのか

僕は、二〇一〇年に小さな会社を創業し、現在株式会社ゲンロンと合同会社ゲンロンカフェの二つの会社を経営しています。三名のフルタイムの社員と十数名のアルバイトとともに、出版事業、カフェの営業、スクールの運営などを行っています。

スクールでは、文芸評論家の佐々木敦さんを講師に、一年間かけて批評家を養成する「批評再生塾」を開講しています。また、美術評論家の黒瀬陽平君を主任講師として芸術を教え、美術家を養成する「新芸術校」という授業を開講しています。「新芸術校」の標準コースは定員三〇名で、通年受講料は四〇万円ほどです。

他方で、ゲンロンの活動を支援する組織として、「友の会」を運営しています。年会費は一万円で、二〇〇〇名ほどの会員がいます。出版事業では、『思想地図β』を出版しています（不定期刊）。そしてこの秋に新しく『ゲンロン』という雑誌を創刊します（二〇一五年一二月創刊）。『ゲンロン』という雑誌は、まず友の会の会員に配ります。これがだいたい二〇〇〇部。実売は三〇〇〇から四〇〇〇部を見込んでいます。だいたいこれくらいの規模で、やりたいことだけをやっています。

数字の話ばかりで恐縮ですが、経営者にとって、やりたい企画を具体的に実現していくためには、売上を確保することはとても重要なことです。

批評とはこうあるべきだ、思想とはこうあるべきだ、と言っていても、べき論でとどまっている限り、結局は愚痴になってしまいます。面白いアイディアがあるのだけれど、出版社が出してくれないとか、大学ではそういう授業はできないとか、そういう話になってしまう。「こういうことがやりたいんだけど、できないんだよね」という愚痴は、僕も三〇代の時に若い人たちと一緒に散々こぼし合ってきました。でも、あるとき、これ以上愚痴をこぼすのが嫌になって、自分で会社を立ち上げました。

『ゲンロン』はどういう雑誌を目指しているかというと、一九九〇年代にあった『批評空間』（太田出版）という雑誌をイメージしています。創刊号では、例えば、ロシア文学者の亀山郁夫さんと、ドストエフスキーの『カラマーゾフの兄弟』や『悪霊』を現在のテロの時代にどう読むかというテーマで対談したり、演出家の鈴木忠志さんと、演劇と公共性をめぐる対談をしたり、ボリス・グロイスというロシアの演劇評論家が現在のロシアの状況について語ったインタビューを翻訳して掲載する予定です。

今、日本の批評や論壇の世界には、こういう雑誌はほとんどありません。僕が今、批評や論壇に対して抱いている危機感は、端的に言うと、ＳＥＡＬＤｓの台頭に象徴されています。かれらは頑張って行動しているけれども、そこに主張はほとんどないわけです。応援している年長世代も、そのことはよく知っています。でも、若者が頑張って声を上げているんだから、それを応援しようという構図になってしまっている。今この瞬間に何をやるかということが大事になってしまっているわけです。

僕も安倍政権に対して批判的ではありますが、安倍政権に批判的ならば、議論は要らないから今すぐデモに来い、などと言われると、違和感を覚えます。現実を意識しつつも、直接的に反応するのではなく、今の社会の状況を少し離れた地点で考えることが必要だと思います。そういうタイプのコンテンツをつくって世の中に出すことが、今の出版界や大学ではほとんどできません。そうした遠回しの思考を試みるために、僕はゲンロンという会社をつくったわけです。

ゲンロンカフェがやろうとしていること

ところで、ゲンロンの出版事業は、じつはほとんど儲《もう》かりません（笑）。では、いま会社を支えている事業は何かというと、ゲンロンカフェで行っているトークイベントです。ゲンロンカフェは、二〇一三年一月に会社のすぐ近くで始めたイベントスペースで、一〇〇名くらいは入ります。

今年（二〇一五年）の三月に、ゲンロンカフェで小林よしのりさんと宮台真司さんと僕でトークイベントを行いました。この時の話は、『戦争する国の道徳――安保・沖縄・福島』

（幻冬舎新書）という本にまとめられてもうすぐ出版されますが（二〇一五年一〇月刊）、そのままで新書になるような水準のトークイベントも少なくありません。

参加費は二六〇〇円ですが、トークの模様はニコニコチャンネルを通じて有料で中継していて、生放送では一〇〇〇円、再放送では五〇〇円をいただいています。また、トークの動画コンテンツをダウンロードして購入できるサービスも提供しています。これまでの実績をふまえて言えば、だいたい来場者の二倍から三倍の人が中継を観ています。つまり、会場での売上のほぼ二倍が総売上になる計算です。

例えば、小林よしのりさんと宮台真司さんと僕の三人の鼎談《ていだん》は、一〇〇〇人以上の視聴者がいました。映画やスポーツならともかく、二時間を超えるようなトークを動画で観るようなことが、まだそれほど一般に普及しているとは言えないなかで、この数字は軽視できません。

対談や鼎談を本にする場合、話を収録し、それを文字に起こし、編集して原稿をつくり、何度も校正し、宣伝広告費をかけて本を売る。相当に手間がかかるわけですね。そうしてつくった本でもなかなか売れないのが現実です。けれども、動画を販売して採算がとれるとすれば、それは従来の本とは異なるコンテンツの提供手段になるわけです。個々のイベントについて採算分岐点を正確に分析しているわけではありませんが、ゲンロンカフェでの試みを通じて、有料でもトークを動画で観たいという人が思いのほかいることがわかり、その手応えを感じています。

そもそも人文知というものは、本だけで養われ、受け継がれていくものなのか。ものを考えたり、哲学や思想を学んだりすることは、古来、どういうふうに行われてきたのか。それは日本でもヨーロッパでも「人々が会って話を聞く」ということのなかで営まれてきたと思います。大学の起源も、人々が集まって話を聞くところにある。そう考えると、インターネットで誰でも話を聞くことができる環境が整い、しかも、それが採算に合うとすれば、そういうシステムを活用して、ものを考える場を、従来の出版とは別の形でつくることができると僕は思います。ですから、ゲンロンカフェでのトークイベントは、今後さらに充実させ、規模を大きくしていきたいと思っています。

ものを考えることを本だけで完結させない

ゲンロンでは、二〇一三年に『チェルノブイリ・ダークツーリズム・ガイド』という本を出版しました。なぜチェルノブイリなのかというと、福島の原発事故をめぐる問題を考えるためです。これは、ジャーナリストたちが書くような本とはずいぶん異なり、観光という観点からチェルノブイリを紹介した珍しい本なのですが、宣伝広告にほとんどお金をかけなかったにもかかわらず、実売二万部を超えています。

僕はまた、ものを考えることを、本だけで完結させないことを考えています。そのために、ゲンロンでは、大手旅行会社のエイチ・アイ・エスと組んで「チェルノブイリツアー」を実施しています。スタディツアーの一種ですが、昨年（二〇一四年）は三〇名が参加し、来月（二〇一五年一〇月）に行われるツアーにも二〇名が参加することになっています。

ツアーでは、チェルノブイリ原発やキエフにあるチェルノブイリ博物館を見学したり、原発事故で放棄されたプリピャチという町を巡ったりします。さらに、『チェルノブイリ・ダークツーリズム・ガイド』で取材した専門家、作家、原発作業員などの現地の方々から通訳つきでお話を聞いたり、ディスカッションをしたりします。

チェルノブイリ原発周辺の空間線量は今、東京とほとんど変わらないぐらいのレベルまで落ち着いています。僕らのツアーは、ウクライナ政府から信頼を得ていることもあり、チェルノブイリ原発の中にも入ることができます。事故を起こした原発の中まで見学できるのはじつは驚くべきことで、こんなツアーは世界のどこにもありません。でも、どういうわけか誰も驚いてくれません（笑）。
原発の中へ入っても、放射線は分厚いコンクリートや鉛で遮蔽《しゃへい》されているので、二〇m先にメルトダウンした核燃料がある、というようなところまで行くことができます。原発を実際に身体で感受し、現地の関係者の方々のお話をうかがうことによって、例えば原発に対して単に推進することに賛成したり、単に反対したりするのではない、複雑なニュアンスが出てきます。僕はそういう経験こそがとても大事だと思っています。

探検や旅の体験から得られるもの

原発事故という深刻な事態に対して、観光客として行くのが正しいのか、と思う人もいるかもしれません。しかし僕は、「観光客的であること」をポジティブに捉え直してみようと考えています。何も知らないで現地に行って、ただ飲み食いして帰ってくるだけでもいいではないかとすら思っています。

それはなぜかといえば、観光的なかかわり方をしたくない、自分は専門のことしかしゃべらない、専門以外のところに足を踏み出さないというような人が、最近増えているように思うからです。一般の読者だけではなくて、若手の論壇人を見ても、自分の専門分野の内で、データがありエビデンスがあって「役に立つ」ことしかしゃべらない。日本はこれからどこに向かうのかとか、文明はどこに行くのかとか、そういう大きな話はしゃべらないという人が増えていて、しかも彼らはそういう姿勢を倫理だと思っているわけです。でも、それは違うと僕は思います。これは今日の主題である人文知の問題と深く関係しています。

僕は昔、小松左京というSF作家が好きでよく読んでいたのですが、小松左京の『（続）妄想ニッポン紀行』（講談社文庫、一九七四年）に「日本タイムトラベル」という作品が収められています。これは、作家の小松左京が建築家の黒川紀章をモデルとした「白山喜照」とともに全国各地をめぐり、これからの日本の国土計画についておもしろおかしく語り合うという趣向の架空の紀行文です。小説仕立てになっているのですが、作品に出てくる人物や出来事は本物で、実際の取材に基づいて書かれているので、今読み返してみると、一九六〇年代後半の日本が何を考えていたのか、それに対して建築家やSF作家が何を考えていたのか、そういうことがわかってじつにおもしろい。

この文庫本には、川添登という建築評論家が解説を寄せていますが、それによると、この本はある意味で、京都学派的な知というものの王道を行っている。なぜかというと、京都学派では、例えば梅棹忠夫がそうであるように「探検」「旅」がすごく重要なんだと。京都学派の知には探検とか旅といったものが大きな役割を果たしているんだというわけです。

この解説にはなるほどと思いましたが、一九九〇年代以降、現代思想や批評の世界においては、探検や旅といった要素がどんどん切り捨てられています。つまり、文化人類学的な見方みたいなものは政治的に正しくないとか、権力関係のなかで見いだされたものは虚構に過ぎないとか、いわゆるポストコロニアル的なタイプの研究が増えてきたわけです。けれども、人文知というものはある種の総合的な人間学であり、ときには博物学的な知というものが必要だと思います。そして、博物学的な知を体験を通して得るためには、やはり物事に対する、一種無責任な「好奇心」がすごく重要だと思うわけです。

現代思想や批評は、一九九〇年代以降、非常に政治化し運動化してしまいました。僕自身もリベラルの側の人間ではありますが、いわゆる左翼知識人たちは、批評的であることと政治を深く結びつけていったわけです。

僕はそれ自体、必ずしも悪いことだとは思いません。ただ、人文知というものを養い育むためには、デモに行って声を上げるとか、署名運動するというようなこととはまったく別に、知らなかったことを知るとか、経験して楽しいとか、いろんな物事に感心するとか、そういう「軽薄な」要素がどうしても必要なのです。ですから僕は、ゲンロンでの実践を通して、知的好奇心を養い、経験によって知ることの楽しさを取り戻してみたいと考えています。

そもそも出版とか大学は、知識を伝えたり情報を発信したりする以前に、まずは知識や情報が「交換」される場であったわけです。そして、本をきっかけにして、好奇心や知識欲を次につなげる、人間のネットワークの結節点だったと思うわけです。ですから、出版や大学が生き残れるかということに関して、従来のしくみや方法を前提にしていると、身動きがとれなくなることはあるでしょうけれども、出版や大学が本来もっていた機能の原点に立ち戻れば、やれることもやるべきこともたくさんあるわけで、そこから生き残る道が見えてくるように思います。

【Q&A】

人文知を養う場はどこにあるのか

姜　東さんのお話でとくに印象深かったのは、一九三〇年代に誕生した論壇に象徴されるような、知をめぐる構造をそのまま維持しているかぎり、人文知の将来はない、というお話です。東さんはそこで、自ら事業として具体的な場をつくり、新しいメディアを通じて人文知の新しい形を模索されています。

私は、大学教員を務め、私立大学の学長も務めましたが、多くの大学では今、財政的な問題を抱えていて、研究や教育の現場と経営の間には大きな乖離《かいり》があるわけです。東さんはやはり、今の大学は人文知の受け皿にはなりえず、文系学部の解体や不要論が議論されることは無理もないとお考えなのですね。

東　大学に対して、社会がもはや信頼を寄せていないと感じています。例えば、大学における人文学的な教育には、教員と学生との間で人間的な関係を築くことが欠かせないわけで、教科書を読んで試験して、単位を取って資格をもらうというものではないわけです。ところが、今の大学制度では、いわゆるパワハラとかセクハラなどの問題に対処するため、コンプライアンスが厳しくなり、人間関係をつくることがどんどん難しくなっているわけです。

僕がなぜ会社を起こしてゲンロンカフェという場をつくったかといえば、有料にすることで一種の閉鎖空間をつくり、そこをある種の「異界」にしなければならないと考えたからです。日常的なコミュニケーションのルールのなかでは、人文学的な教育は難しいのではないか。かつての大学は、そうした異界の空間をもっていたと思いますが、今はそういう場ではなくなってきていると思いますし、大学は日常的な世界から離れた特殊な場であるということに対する社会の理解が、もうなくなってきたのかなと思います。

姜　まったく同感です。大学は、ある種の異界の地であるからこそ、そこではどんなことでも真剣になって議論し合えるものなのでしょう。

夏目漱石が愛媛の松山中学校で教師をしていたとき（当時は愛媛県尋常中学校）、「愚見数則」という文章を書いています（一八九五年）。そのなかで漱石は、かつての書生は自分で先生を探して、この人ならばという先生に師事していた。だから生徒は先生を親以上に尊敬し、先生も生徒に対して自分の子どものように接していた。そうでなくては真の教育はできない、といっています。ところが、今の書生は学校を旅籠屋《はたごや》のように思っていて、お金を出してしばらく逗留《とうりゅう》するようなものだ、校長はまるで宿屋の主人で、教師は番頭丁稚《でっち》のようだと（笑）。これは一〇〇年以上前の話ですが、今もしかり。今の大学は、そういう師弟関係をつくる場ではなくなっているわけですね。

目の前の出来事から距離をおいて考える

姜　そこで東さんは、知的な探検心とか冒険心を満たすような場をつくられた。実際にはあの国会前のデモのように今ここで動くことが必要な場合もあるのでしょうけれども、そこから距離を置きながら、人間を探求する場をつくろうといろいろと試みられているということですね。

東　そのとおりです。目の前の現実に対して活動することはむろん重要なんですが、人文知というものは、現実を斜めから見てみるものというか、運動や政治からずれていくものではないかと思います。ですから、デモについて考えるためにドストエフスキーを読んだり、福島について考えるためにチェルノブイリに行ってみたりする。そういうふうに現実の問題をずらして受け止めることが、人文知というものの本質だと思います。

姜　現実の問題をずらして受け止めるということは、東さんがよく言われる「差異」ということでしょうか。

東　そうですね。今の日本の知的状況を見ていると、そういう差異は無駄としか思われなくなっています。つまり、今この瞬間の危機におまえはどのように貢献するのか、ということがあらゆる場所で問われる時代になっているわけです。そういうところでは人文知は必要とされないわけですが、一方で、そんな状況に飽き足らない人たちもいると思います。

いろんな物事に触れて、目の前の出来事からずれてものを考えてみたいと思う人は、そんなに多くないと思います。でも、いないわけではない。それは、そうしなさいといってできるものでもなくて、人生でそういう経験の大切さに出会う人たちは一定数いるということです。そんなかれらが求めるのが、哲学とか思想とか人文知というものではないかと僕は思っているわけです。

人生に充足しているような人たちに、哲学をやったほうがいいよと言っても、かれらがそれを必要としないかぎり、人文知を養うことは無理でしょう。ですから、哲学や思想を本当に求める人たちに対してメッセージを届け、そういう人たちをしっかり集められるようなシステムをつくることが必要ではないかと僕は思っています。

知の大衆化の功罪

姜　日本では一九三〇年代の大衆社会の出現によって、いわば知の大衆化が進み、それが一九八〇年代から九〇年代にかけて再び反復されたというお話がありましたが、知をめぐる昨今の状況を考えると、やはり知の大衆化の功罪についても問われなければならないわけですね。

東　そう思います。右肩上がりの経済とか出版市場の拡大ということを前提に、知を考えてきたところがあるのですが、知というものはそもそも、みんながみんな求めるものではない。いわば変わり者がやるものだということから目を逸《そ》らしてきたと思うわけです。

ですから、僕がゲンロンという会社でやっていることも、運動の現場にいる人からすれば「プチブル」の底上げのように見えるかもしれませんが、僕はそれしかないと思っているのです。その底上げすらされていないために、いまは、知的な好奇心があって、そここの年収もあり、暇もあるような人たちが、人文的な教養をまったく身につけていないし、そういうものに背を向けてしまう状況が生まれている。ですから、まずはかれらの教養を厚くすることで、その政治的な判断を複雑にしていくことが重要ではないかと僕は思います。

姜　なるほど。東さんは最近、「朝日新聞」のインタビューで「人文知は、趣味のひとつとして生き残ればいい」と発言されていますね（「朝日新聞」二〇一五年八月二〇日付）。この発言に対して、大学教員のなかには、人文知はそんな軽いものではないと批判している人もいますが、東さんの真意はどういうものでしょうか。

東　世の中には変わった趣味がたくさんあって、それらはそれぞれマイナーですけれど、そんなマイナーな趣味を楽しむために、人々はお金をかけ人生をかけるわけですね。ですから、趣味というものは、ある種の多様性であり、豊かさの現れであって、それは知の世界も同じだと思います。人文知は趣味の一部だと言われて反発を感じる人は、僕からすると、あまりにも人文知というものを堅苦しく捉えている気がします。

この国の知をめぐる状況は、一九九〇年代以降、全体的に倫理化していて、正しいこと、正義であること、公正であることに向かって大きく傾いているわけです。知や思想と言われるものはもともと、美しさや楽しさをめぐる自由な議論であったわけですが、いまはそれが、楽しかったとしても正しくないじゃないかとか、美しいかもしれないけれど人を傷つけるものじゃないかとか、そういう議論ばかりになっています。それが今の時代の生きにくさや表現のしにくさにつながっている。

例えば、小説を書いたり、絵を描いたり、表現をする人たちは、つねにハラスメントがないかどうか、差別がないかどうか、風刺やアイロニーの表現だとしてもマイノリティを傷つけるんじゃないか、そういうことばかり考えなければいけない状況になっているわけです。けれど僕は、そういう傾向は逆に「教養」に反するものだと思っています。こんなことを言うと、批判されるかもしれませんが。

世の中に異界をどうつくるか

姜　先日、ある仏教関係の人と対談をしていて、日本人は戦前も戦後も律儀に生きてきたという話になりました。つまり、私たちは戦争を律儀に遂行し、戦争に律儀に堪えて、戦後復興を律儀に成し遂げてきたと。けれども、その律儀さは、方向性を間違えると、とんでもないことになります。その意味で、東さんの言われる趣味とは、律儀さに対して距離を保つということではないかと思いますが、知の根幹にあるべきそうした距離感というものが、社会の大衆化のなかで軽視されてきたと言えるかもしれませんね。

東　インターネットは本来、人をもっと自由にして、ある意味で律儀さとは反対の価値をもたらすはずのものだったのが、今では相互監視が高まって、人を律儀さへと駆り立てるものになっています。

例えば、ヨーロッパでは、アーティストは国の支援を受けながらもかなり自由に活動ができると言います。しかし日本では、国や自治体が支援する場合、アーティストの活動が制限される方向にいくわけです。国民の税金で支援しているわけだから、アーティストは国民全員が納得するような作品をつくらなければいけない、国民のだれも傷つけてはならないという話になってしまう。

ヨーロッパをモデルにしてこの国の芸術のあり方を考えると、日本とヨーロッパでは国のあり方が違うということを痛感します。この国ではパブリック（公共）というものが異界をつくる役割を担っていないのです。日本では国＝公は徹底して世俗的ですから、異界というものは別のところにつくらなければいけない。

例えば、コミックマーケットに象徴されるような、同人誌をつくっている人たちが集まる場は、一種の異界として機能しています。ふだんは堅苦しいスーツ姿で仕事をしている人たちが、日常とはまったく違う趣味の顔を見せる。そしてまた日常に戻っていく。大学も本来、そのような異界であるはずなんですけれど、今では世俗の論理にまみれて、異界であることの役割を果たしていません。ですから、そういう「律儀でない空間」をどうつくるかということが課題なのかなと思います。

プチブルの教養をいかに底上げするか

Q　東さんがご自身で会社を立ち上げられて取り組まれていることは、たいへん興味深くうかがいました。ゲンロンを舞台にしたプチブルの底上げということについて、そのためにどのような取り組みを考えていらっしゃるのでしょうか。

東　規模を拡大していくことだと考えています。僕らの活動は、営利企業であることに意味があると思っていて、これを社会運動と位置づけてしまうと、運動を維持するためにいろんなところからお金をかき集めてこなければいけなくなるわけです。どこからか補助金をもらったり、大学と連携したりするということになりますが、そうすると本末転倒です。ですから、営利企業として規模を大きくしていくことによって、今はまだ取り込めていない人たちが集まってくるような場にする、ということかなと思います。

安保法案と憲法問題をめぐる議論

Q　僕たちが大事な決断をしなければいけないときほど、議論がかみ合わないのはなぜかと、いつも疑問に思っています。例えば今回の安全保障関連法案について、日本のこれからの安全をどう担保するべきかということを議論するべきなのに、それが憲法の問題になったり、日米関係の問題になったり、議論がかみ合わなくなってしまっています。その根本的な原因は何なのか、東さんはどのように考えますか。

東　この国では、憲法問題になると、必ずこのような状況が出現します。つまり、憲法は守るべきであるという人と、改正するべきであるという人がいる。自衛隊の存在をどのように受け止めるかについても、まったく異なる二つの立場がある。この両者はまったく折り合いません。憲法問題は日本人にとってアレルギーのようなものなのかもしれません。

安全保障法制の話については、じつは結構前から議論されているのですが、その段階では大して話題になっていなかった。ところが、与党が選んだ憲法学者三人が全員、国会で安保法案は違憲だと言い、憲法論議になった瞬間に火がついた。護憲か改憲かというものパターンになっていったわけですね。

僕としては、護憲対改憲のそういった神学論争とは別のところで、冷静に憲法改正の必要性を議論できればいいと考えています。そういう意味では、安保法案は、国民的な関心こそ集めましたが、あまり生産的な議論にならなかった。

ただ、僕が思うに、国会で三人の憲法学者が違憲だと言ったのならば、やはり安保法案はいちど取り下げたほうがよかったと思います。それを無視して強引に通してしまったのは、憲法に関する議論をますますこじらせてしまいました。その点では、安倍政権の責任は重いですね。

評論はどこまで信用できるか

Q　テレビを観ていても、雑誌を読んでいても、メディアは結局のところ、本当のことを言わないのではないかと思っています。例えば、ある映画雑誌には映画の礼賛記事ばかり載っている。評論というものはどこまで信用できるのでしょうか。

東　小説とか映画などの作品の評価について、真実がどこにあるのか、あるいは真実とは何か、ということにお答えするのは難しいです。ただ、一般的に言って、評論は今落ち目であることはたしかでしょう。

評論に説得力がないとか、批評にはもう力がないということについて、僕がこうすべきだとか、批評の力を信じるべきだとか言っても仕方のないことで、そういうことではなく、世の中には哲学とか思想を必要としている人がいて、僕はそういう人たちに対してちゃんと応えなければならないと思っています。

ですから、先ほどお話ししたように、この国の人たちがもし、本当に大学の文系学部は必要ないというのなら、それはなくなるしかないでしょう。けれども、仮に大学の文系学部がなくなったとしても、哲学や思想がなくなるわけではありません。なぜならそれは、どんな時代であっても、人々に必要とされてきたわけですから。

第四回　集団的自衛権問題とは何だったのか　憲法学からの分析

木村草太

〔きむら・そうた〕

憲法学者。首都大学東京大学院教授。一九八〇年神奈川県生まれ。二〇〇三年東京大学法学部卒業。同年東京大学大学院法学政治学研究科助手（憲法学専攻）。二〇〇六年首都大学東京大学院社会科学研究科法学政治学専攻・都市教養学部都市教養学科法学系准教授。著書に『平等なき平等条項論』『憲法の急所』『キヨミズ准教授の法学入門』『憲法の創造力』『憲法学再入門』『未完の憲法』『テレビが伝えない憲法の話』『憲法の条件』『集団的自衛権はなぜ違憲なのか』など。

（講義日　二〇一五年一〇月一三日）

モデレーター／一色　清

【講演】

国際法上、武力行使は原則禁止されている

今日は、「憲法と二〇一五年安保法制」をテーマにお話しさせていただきます。議論を進めるにあたり、抽象的な話になりますが、まず治安警察活動と武力行使の概念の違いを確認しておきましょう。治安警察活動と武力行使とは、いずれも国家の実力行使ではありますが、実力行使の対象が異なります。このため、法的な統制の方法にも違いが出てきます。

治安警察活動の相手は、犯罪者や海賊、テロリストなど非国家的主体です。近代主権国家の下では、その領域内ではすべての人は国家の主権に服しますから、犯罪者などの取締りは各国の主権事項です。よって治安警察活動の統制は、各国憲法の領域になります。一方、武力行使の対象は、主権国家または主権国家に準ずる組織です。国家間の争いですから、当然、国際法による統制を受けることになります。また、武力行使は国内にも重大な影響を与えるので、各国憲法によっても厳しい統制がかけられています。

武力行使と治安警察活動の概念区分を押さえたところで、今回の重要なテーマである武力行使について、国際法と憲法がどのような原則を定めているかを見ていきましょう。

世界の一九三カ国が加盟する国連の基本条約である国連憲章の二条四項では、「すべての加盟国は、その国際関係において、武力による威嚇又は武力の行使を、いかなる国の領土保全又は政治的独立に対するものも、また、国際連合の目的と両立しない他のいかなる方法によるものも慎まなければならない」と宣言されています。つまり、武力行使は国際法上違法です。これを武力不行使原則といいます。武力不行使原則は、国際法のさまざまな宣言や条約で繰り返し確認されている、国際法上、非常に重要な法原則です。「憲法九条を世界中に輸出しよう」と言う人がいますが、少なくとも武力不行使原則については九条を輸出するまでもなく、アメリカもロシアも中国も北朝鮮も認めているのです。

武力不行使原則の三つの例外

もっとも、「禁止する」という規定があっても、例外を許容する別の規定があれば違法性が阻却される、つまり違法ではなくなる、というのが法原則です。例えば日本の刑法では、人を傷つける行為は傷害罪とされていますが、外科医が手術のために患者にメスを入れるのは正当業務行為に当たるので、例外として違法性が阻却されます。このように法律のルールを理解するには、原則がどうなっているのかということと同時に、その例外がどこまで認められているのかを知っておかなければなりません。

国連憲章は、武力不行使原則について三つの例外を定めています。この三つにあてはまれば、武力行使が適法と評価されることになります。

第一の例外は、国連安保理決議に基づく国連の集団安全保障措置（国連憲章四十二条）です。多国籍軍や国連軍によって、集団安全保障措置としての武力行使が行われます。ただ、安保理決議を取るには、利害関係が異なる各国の主張を調整しなければならないうえに、五大国に拒否権があるため、決議内容はしばしば不明確なものになりがちです。例えば二〇〇三年のイラク戦争では、イラクに大量破壊兵器があるという情報に基づいた国連決議がいくつか出されましたが、それらがイラク政府を完全破壊する根拠足り得たのかについては、少なからぬ国際法学者が疑問を呈しています。国連安保理決議を名目に武力行使が行われる場合、その決議内容が本当に武力行使を正当化できているかを慎重に考える必要があるでしょう。

国連憲章は、侵略国が現れた場合には世界各国が協力して、集団安全保障措置によって対処することを理想としています。しかし、国連決議がなされるまでには時間がかかります。そこで国連憲章は、それまでの緊急的な対応として、各国の判断による自衛権の行使(国連憲章五十一条)を認めています。自衛権の行使には、個別的自衛権の行使と集団的自衛権の行使があり、それらが、武力不行使原則の第二、第三の例外となります。個別的自衛権は、侵略を受けた被害国が自ら反撃する権利であり、集団的自衛権は、被害国の要請に基づいて各国が被害国の防衛を手伝う権利になります。

安倍政権も認める九条の解釈

国連憲章が定める集団安全保障措置への参加や自衛権の行使は、あくまで権利であり、義務でありません。権利を行使するかどうかは各国の判断に委ねられています。これは、二〇歳になったら飲酒・喫煙は適法とされますが、実際に飲酒・喫煙するかは各個人の判断に委ねられるのと同じことです。

そこで、日本国憲法の下でどこまで武力行使が許されるのかという話になるわけですが、これは二つの問題に分けて見ていく必要があります。一つ目は専門用語になりますが、作用法としての根拠規定、つまり、日本の政府がどんなことをやっていいのかという問題です。それとは別に、作用を果たすためにどのような組織法上の権限が与えられているのかという、権限規定の問題があります。

一つ目の問題である作用法的な根拠規定は、有名な日本国憲法第九条一項「日本国民は、正義と秩序を基調とする国際平和を誠実に希求し、国権の発動たる戦争と、武力による威嚇又は武力の行使は、国際紛争を解決する手段としては、永久にこれを放棄する。」、二項「前項の目的を達するため、陸海空軍その他の戦力は、これを保持しない。国の交戦権は、これを認めない。」になります。

この規定の解釈の仕方は二つの見解に分かれています。一つは一項全面禁止説、つまり一項ですべての武力行使が禁じられるという見解です。もう一つは、一項はいわゆる侵略戦争を禁じたに過ぎないが、二項で軍や戦力を持てないとされた結果として武力行使一般が禁じられるという、二項全面禁止説です。こちらの方が一般的な説になります。

どちらの見解も、九条全体として見れば武力行使が全面的に禁じられるという結論においては、ほとんど差異はありません。この結論は、現在の安倍政権も含めて一致が見られる解釈と言っていいと思います。

九条の例外と自衛権

議論が対立しているのは、九条の例外を認めた規定をめぐる解釈の部分です。先ほど説明したように、九条が武力行使一般を禁止していたとしても、例外を認める根拠規定があれば、その例外に当たる武力行使は認められる、ということになります。

いわゆる自衛隊違憲説は、そのような例外規定はない、という見解です。自衛隊自体が違憲ですから、集団的自衛権はもちろん個別的自衛権の行使も違憲ということになります。

これに対し、従来の日本政府あるいは個別的自衛権の行使を合憲とする憲法学者は、日本国憲法十三条「すべて国民は、個人として尊重される。生命、自由及び幸福追求に対する国民の権利については、公共の福祉に反しない限り、立法その他の国政の上で、最大の尊重を必要とする。」を根拠に、政府には日本国内の安全を保護する義務があるので、それに必要な限りでの武力行使は例外的に認められる、という立場に立っています。日本国内の安全を守るために必要な武力行使とは、国際法では個別的自衛権の行使に当たるので、個別的自衛権の範囲に収まる限りは、武力行使も合憲と考えています。

しかし、集団的自衛権や国連軍への参加は、国内の安全保障を超える問題です。そこで外国防衛を基礎づけるための例外規定が必要になるわけですが、歴代の内閣法制局が結論づけたように、そのような条文は日本国憲法のどこを探してもみつかりません。

例外規定がみつからない以上、九条の原則に照らして、集団的自衛権行使は憲法違反ということになります。日本国憲法の下で集団的自衛権を行使するのは無理であろうというのは、今回に限らず、これまでの憲法学で当然の前提とされてきたことです。

憲法九条が武力行使の禁止を原則として定めている以上、憲法に例外を基礎づける根拠規定がなければ武力行使は違憲です。どこを探しても外国の防衛を義務づける規定などないのですから、集団的自衛権行使の根拠を探すことは、ネス湖でネッシーを探すほど難しいと言えるのではないかと思います。

日本政府に軍事権は負託されていない

九条の議論ばかりしていると見落とされがちですが、こうした作用法上の根拠規定だけではなく、組織法上の権限規定の問題についても考えなければなりません。軍事権の行使は国民にも重大な影響を与える作用ですから、各国憲法は、軍事権を行使する場合のルールや、その責任者についても定めています。日本が集団的自衛権を行使できるのであれば、そのための手続きや誰がその責任者になるのかということについて、憲法に当然書いてあるはずですが、この点についてはどうでしょうか。

日本は国民主権の原理に立つ国家ですから、主権は国民の意思に基づいて行使されなくてはなりません。つまり、国家は、国民から憲法を通じて負託された権限しか行使できないのです。憲法に書かれていない権限を行使すれば越権行為であり、違憲ということになります。

内閣に負託された権限は、憲法七十三条に列挙されています。一般に、政府が持つ権限は国内統治作用から立法と司法を除いた権限である「行政」、相手国の主権を相互に尊重し合いながら関係を築く「外交」、相手国の主権を制圧して武力行使する「軍事」に分けられます。憲法七十三条には、一般行政事務と外交、条約締結などの権限については定められていますが、軍事権についての規定はありません。

外国の憲法典や大日本帝国憲法と比較すれば、日本国憲法が軍事の規定を意識的に排除していることは明らかです。九条が戦力の不保持を宣言した帰結として、政府に軍事権が負託されていないことは、日本国憲法の大きな特徴と言えるでしょう。

日本国内の安全を確保する活動は、警察行政や消防行政の延長として国内行政の一種であると理解することもでき、個別的自衛権の行使は防衛行政とみなすこともできるでしょう。また、ＰＫＯ活動などは、相手国の要請に基づき復興支援や治安活動などを援助する活動ですから、外交協力の一種と理解することもできるでしょう。

しかし、集団的自衛権の行使は、日本国内の安全を目的とするものではないので行政権ではありません。また、武力行使は相手国の主権を侵害するものですから、外交権でもありません。集団的自衛権は、軍事権であると理解せざるを得ないのです。

安保法制は「全部のせラーメン」

今回の安保法制は整備法一〇本と新規制定の国際平和支援法が一括で出されており、まるで「全部のせラーメン」のように、多種・多量の内容が盛り込まれています。「このラーメンの中にはおいしいところもあるのだから、エビはアレルギーがあるけれど食べてみよう」というように、憲法上の問題はあっても必要な法律だから通すべきだ、と賛成する意見も多かったのですが、この点が憲法学者との議論でかみ合わなかったところだったと思います。

確かに、法案の中には自衛隊の現場のニーズを汲《く》んだと思われる内容も含まれています。

しかし、いくら「おいしい」ところがあったとしても、エビを食べたら、アナフィラキシーショックで死の危険があるのですから、食べるわけにはいきません。これまで説明してきたように、集団的自衛権は憲法違反です。集団的自衛権に関わる部分を除いて議論することができればよかったのですが、一括審議だったため、必要なものを残して憲法違反のところだけを個別に否決するというわけにもいきませんでした。ラーメンを全部食べるか、それとも全部残すか、という二者択一で選ばなければならなかったのです。

安保法制のポイント

さて、「全部のせ」の安保法制の内容を確認しましょう。ポイントは五つです。

一つ目は、在外邦人の保護措置です。従来の自衛隊法では、海外で紛争に巻き込まれた日本国民の「輸送」業務に限定されていましたが、より危険な「警護・救出」業務を可能にする規定が設けられました。

二つ目は、武器等防護に関する規定の改正です。自衛隊の武器使用が許される場合は非常に限定されていますが、その一つに武器等防護があります。例えば暴徒化した市民集団が自衛隊基地に乗り込んで自衛隊の武器を破壊したり持って行こうとしたりする時、武器を使うことができる、というものです。この規定に、「自衛隊と連携して我が国の防衛に資する活動に現に従事している米軍等の部隊の武器等であれば、当該武器等を防護するための武器の使用を自衛官が行うことができるようにする」という趣旨の規定が加わりました。

三つ目は、国際平和協力法の改正です。これまで国連PKOの参加五原則の5において、「武器使用は要員の生命等の防護のための必要最小限のものを基本」としていたのですが、これに加えて現地住民の安全確保や他のPKO部隊の駆けつけ警護といった業務を拡充し、それにともなって任務遂行型の武器使用が可能になりました。

四つ目は、後方支援に関する問題です。重要影響事態安全確保法（周辺事態安全確保法の改正）で、自衛隊が外国軍の後方支援を行う場合に定められていた「我が国周辺の地域における」という、これまでの地理的限定を外しました。このことにより、従来は国会が特別措置法を制定しなければ海外派遣できなかったところにも、事前または事後の国会承認のみで派遣できるようになりました。また、支援対象を「日米安保条約の目的の達成に寄与する活動を行う米軍」だけでなく「その他の国際連合憲章の目的の達成に寄与する活動を行う外国の軍隊、その他これに類する組織」に広げています。

さらに、これまで後方支援は非戦闘地域においてのみ可能だったのですが、「現に戦闘行為が行われている現場」では実施しない、と変更されています。いってみれば、これまでは電車を待つのにホームの黄色い線の内側で待っていたのを、現に電車が通っていなければ線路まで降りていいというふうにルールを変えたわけで、当然危険性は増すことになります。さらに後方支援活動についても、弾薬の提供及び戦闘作戦行動のために発進準備中の航空機に対する給油及び整備が実施可能となり、活動範囲が拡大されました。

五つ目は、防衛出動の新要件に、後で説明する存立危機事態が追加されたことです。「我が国と密接な関係にある他国に対する武力攻撃が発生し、これにより我が国の存立が脅かされ、国民の生命、自由及び幸福追求の権利が根底から覆される明白な危険がある事態」という文言が、集団的自衛権の行使を限定容認するものとなります。

自衛隊員の安全は確保されるのか

以上のポイントを頭に入れつつ、今回の安保法制の問題を、法的観点から指摘していきたいと思います。今後、在外邦人の警護・救出、ＰＫＯにおける住民保護、駆けつけ警護などを行うことになれば、それらの業務に携わる自衛隊員の危険性は拡大します。安倍首相は、自衛隊員の安全確保については「当然」であり、「明確に定めた」と国会で発言していますが、実際は、隊員の安全確保についての規定は非常に曖昧《あいまい》です。

例えば在外邦人の警護・救出については、「当該外国の権限ある当局が現に公共の安全と秩序の維持に当たっており、かつ、戦闘行為が行われることがないと認められること」が実施要件となっていますから、「イスラム国」の人質事件のようなケースで自衛隊を派遣して救出作戦をすることはできません。ただし、「外国当局が現に公共の安全と秩序の維持を行っている」場所で自衛隊が救出作戦をしなければならない状況とはいったいどういうものなのか、よくわかりません。

また駆けつけ警護などの場合では、「隊員の安全確保のための措置を定める」とされていますが、駆けつけて警護しなければ危ない状況のところに行くわけですから、そこで安全を確保しながら駆けつけ警護をするというシチュエーションは、やはり無理があると思います。今後のPKO活動において、隊員の安全確保が条文通りにきちんと運用されるかどうか、厳密に監視していく必要があるでしょう。

イラク戦争の総括という問題

今回の安保法制で最も違和感を覚えたのは、事前の手続きについての議論は盛んに行われたのに、事後的検証の問題がほとんど触れられなかったことです。もしものことがあったら、あるいは、不適切な派遣命令が出されたとしたら、誰がどう責任を取るのでしょうか。ここを不明瞭なままにしていては、無責任・無謀な自衛隊の海外派遣の危険が高まってしまいます。

私は常々、この問題は、飲み過ぎた次の日に飲み会の予約を入れるようなものだと説明をしてきました。つまり、飲み過ぎて乱暴を働いてしまった人は、次に飲みに行く時は「飲むのはビール一杯まで」など、前回の失敗に対する反省を踏まえてルール設定をするはずです。しかし、大失敗だったイラク戦争についての十分な検証や責任追及もせず、「今日もどんどん飲もう」というかのような勢いで今回の安保法制はつくられてしまったと思います。

二〇〇八年四月一七日に示された「自衛隊イラク派兵差止訴訟」の判決で、名古屋高裁は重要な指摘をしています。イラク戦争中に自衛隊が行った後方支援のうち、バグダッドにアメリカ兵などの武装兵員を輸送した行為は、憲法九条一項に反する「他国による武力行使と一体化した行動」であったと判断したのです。

この判断についての政府の見解を国会で問われた当時の福田（康夫）内閣は、「航空自衛隊のイラクでの空輸活動は憲法に違反する活動を含んでいる旨を述べた部分は、判決の結論を導くのに必要のない傍論にすぎず、政府としてこれに従う、従わないという問題は生じないと考える」と答弁するにとどめています。

また外務省は、「対イラク武力行使に関する我が国の対応（検証結果）」という報告書を作成していますが、機密情報秘匿を理由に、公表したのは「ポイント」をまとめた、わずか四ページの文書のみです。この中で、戦争を始める根拠とされた大量破壊兵器が結局イラクになかった問題に触れていますが、「事後イラクの大量破壊兵器が確認できなかったとの事実については、我が国としても厳粛に受け止める必要がある」としながら、「イラクが大量破壊兵器を隠匿している可能性があるとの認識が国際社会で広く共有されていた」との記載があるのみです。なぜ情報収集がうまくいかなかったかについての反省や検証がきちんと行われたのかは、公表されているものだけではわかりません。

責任ある自衛隊派遣には、事後的検証や責任追及のための厳格な手続きが不可欠ですが、このように過去の失敗の検証すらできない国が武力行使や後方支援を拡大する、これは今回の法制の最大の問題点だと思います。

個別的自衛権を制限する安保法制

後方支援については、外国による武力行使に対してどこまで支援できるのかが問題になってきます。これは「武力行使の一体化」の判断をめぐる議論です。

日本が直接武力行使をしなくとも、武力行使している外国の活動とあまりに緊密な活動をしていれば、それはもはや日本が自ら武力行使をしているのと同じと評価されてしまうでしょう。日本はこれまで、非戦闘地域への物品提供や給油などの活動あたりを、憲法九条違反の武力行使にならないギリギリのラインとしてきました。しかし今回は、現に戦闘が行われていない現場での弾薬の提供までもが、後方支援の範囲だと言ってしまっている。

この部分がどう問題なのかは、「日本がどこまでやるか」という視点からではなく、逆に「日本がどの段階で武力行使できるのか」という視点から見ると、わかりやすいと思います。つまり、今回の安保法制で「現に戦闘が行われていなければ弾薬提供も武力行使と一体化しない」としたため、日本に対して直接武力攻撃している国のために、戦闘の合間を縫って弾薬提供をしている国があったとしても、日本は個別的自衛権を行使して敵の兵《へい》站《たん》を断つことができない、ということになってしまったわけです。

この問題については、二〇一五年九月一一日の国会集中審議で、民主党（当時）の福山哲郎参議院議員が「わが国に対し国際法上違法な武力攻撃をしているA国に後方支援しているB国の補給艦に対して、わが国は自衛権を行使できるか」と質問しています。これに対し中谷元《げん》防衛大臣は、「B国はわが国に対して直接攻撃をしていないので自衛権の行使はできない」と答えています。今回の安保法制によって、日本の個別的自衛権が制限されることを認めてしまっているわけですが、日本の安全保障上、極めて深刻な問題だと言えるでしょう。

集団的自衛権行使の議論と『三国志』

さて集団的自衛権行使の運用問題をめぐって、議論は四つの論点で対立しました。

第一の論点は、「日本国憲法を遵守すべきか」です。これが論点になること自体、大変恥ずかしいことです。本来なら、「これは憲法違反じゃないですか」という主張に対しては、「憲法の条文に照らしてこうだから憲法違反ではない」と反論すればいいだけのことです。しかし実際は、「憲法学者の言うことは無視すべきだ」「憲法違反かどうかはどうでもいいんだ」という議論が横行したのは、ご存じの通りです。

第二の論点は、「国際法上合法ならやっていいのか」です。「憲法違反ではないか」という指摘に対して、賛成派は当初、「国際法上合法だから合憲だ」という論理を振りかざしていました。確かに集団的自衛権の行使は国際法上合法です。しかし、先ほど述べましたとおり、国連憲章が定める集団的自衛権の行使はあくまで権利であって、義務でありません。権利を行使するかどうかは各国が憲法で定めるべきことです。国際法上の合法・適法と憲法上の違憲・合憲は別の論点なのです。したがって、国際法上合法だから合憲という論理は成り立ちません。

第三の論点は、「外国防衛のための措置をとることは、憲法九条の例外として認められるのか」です。そうした例外規定がないことは、先ほど確認しました。

実は以上の三つの論点について、政府と大半の憲法学者との間に見解の相違はありません。日本国憲法を遵守すべきであり、国際法上合法だからといって合憲とは限らず、外国防衛のための措置をとることは憲法九条の例外として認められない。この三点については、安倍政権も同意しているのです。

そこで最大の論点となったのは、「わが国の存立を維持するための必要最小限度の自衛の措置としてできるのはどこまでか」という論点です。憲法学説的には、ごくごく一部に他国防衛も含めて合憲だと考える全面合憲説がありますが、圧倒的多数の憲法学者は、他国防衛はできないという見解を取っています。それを前提に、自国防衛もできないと考える自衛隊違憲説と、自国防衛はできると考える個別的自衛権合憲説とに分かれます。

こうした状況を『三国志』に例えると、全面合憲説が「魏《ぎ》」、自衛隊違憲説が「呉《ご》」、そして個別的自衛権合憲説が「蜀《しょく》」と見立てられると思います。今回の安保法制をめぐる議論において、赤壁の戦いで蜀と呉が組んで曹操の魏に立ち向かい、全面合憲説が可能だという魏の見解には説得力がまったくないということを明らかにしていったと言えるでしょう。

興味深いのは、赤壁の戦いの後に魏と呉が手を組んで蜀を討ったように、「個別的自衛権合憲説は欺瞞《ぎまん》だ」と、自衛隊違憲説の人々が個別的自衛権合憲説を攻撃してきたことです。これに便乗して、全面合憲説の人が「憲法学者は欺瞞的で信用ならない」と個別的自衛権合憲説を攻撃しました。しかし、そもそも個別的自衛権が違憲であるならば今回の安保法制はすべて違憲ということになるのですから、全面合憲説の人たちが自衛隊違憲説を後押しするような議論を展開したのは、まったく矛盾していたと思います。

存立危機事態という概念の曖昧さ

結局、政府がとった見解は、集団的自衛権の行使は「自衛のための必要最小限度」に含まれる、とするものでした。そして、「我が国と密接な関係にある他国に対する武力攻撃が発生し、これにより我が国の存立が脅かされ、国民の生命、自由及び幸福追求の権利が根底から覆される明白な危険がある」場合を存立危機事態と呼び、存立危機事態であれば集団的自衛権を行使できるとしたわけですが、この文言が何を意味するのかが非常に曖昧なのが問題です。

一九七二年の政府見解では、「存立危機事態とは武力攻撃事態のこと」と明確に定義していました。今回の安保法制では、「他国への武力攻撃によって存立危機事態が生じた場合には、日本は武力行使できる」としているので、条文の文言のみを読むならば、これまでの政府解釈と整合していると言えるでしょう。しかし国会の議論のなかで、政府は自らが決めた法案の文言を無視するような発言を繰り返しています。例えば安倍首相は「石油の値段が上がったり、日米同盟が揺らいだりする場合には、日本が武力攻撃を受けていなくても存立危機事態を認定できる」と答弁しました。石油の価格高騰を「存立危機事態」と認定するのは解釈としても無理がありますし、「日米同盟が揺らぐ」というのが具体的にどういう状況なのかは意味不明です。本来なら、きちんとした釈明をすべきところでしょう。しかし安倍首相は釈明をするどころか、二〇一五年七月一〇日の答弁では、政府が「総合的に」判断して存立危機事態を認定できるかのような発言までしています。

政府は、今回の安保法制審議において、存立危機事態とは武力攻撃事態であるという従来の政府解釈を放棄し、以上のような極めて不明確な概念を提示しました。そうだとすれば、今回の安保法制は、憲法九条の原則に違反するから違憲という以前に、曖昧不明確ゆえに違憲だと言わざるを得ないのではないかと思います。「曖昧不明確ゆえに違憲」というのはあまり馴染《なじ》みがない話かもしれませんが、法治主義の前提となる重要な原則です。何が適法で何が違法なのかが曖昧なままでは、法は法として機能しません。ですから、条文の内容が曖昧不明確ではいけないという原則は、法治主義からすれば当然の帰結なのです。

国会の議論は無駄ではなかった

国会の審議を通じて、極めて深刻な問題が次々と明らかになったにもかかわらず、安保法制は成立してしまいました。この安保法制を実際に運用しようとすれば、今後、さまざまなところで無理が生じるのは必然でしょう。問題のある法案が無修正で可決されたことは大変残念でしたが、今回の国会での議論がまったく無駄だったとは思いません。

一つには、国会論戦を通じて、今後の運用の際に政府の活動の歯止めとなるさまざまな言質がとられています。もともと中谷防衛大臣は、七月二八日には、「ホルムズ海峡で機雷が敷設される事例は存立危機事態に該当しても武力攻撃事態等には該当しない場合として想定される」と発言していました。ただ、安倍首相は審議の最終盤、九月一四日の審議で、ホルムズ海峡機雷封鎖は「現実の問題として発生することを具体的に想定しているものではありません」と述べました。また同日、横畠裕介内閣法制局長官は「存立危機事態に該当するにもかかわらず武力攻撃事態に該当しないということはまずない」と答弁しています。存立危機事態など「まずない」と思いつつ、理論的には、その場合も防衛出動ができるとしただけだということです。例えて言うなら、雪男など「まずいない」と思いつつ、「雪男が本当に発見されれば雪男の人権を保障します」という条項を作った感じでしょうか。この答弁は、実際に、集団的自衛権を使うことはないと宣言したようなものです。

また外国軍の武器等防護では、中谷防衛大臣が九月四日の答弁で「あくまでテロリストなどの非国家的主体を相手にした場合の規定である」と述べています。例えば、アメリカがイラク政府と戦争をしている時に日本の自衛隊がアメリカ軍の武器等を防護すれば、イラク政府から見ると、日本がアメリカと一体となって武力攻撃しているように感じるでしょう。これでは、日本が国家間の紛争当事者になってしまう。そこで、外国軍の武器等防護をするのは、テロリストなどを制圧する治安活動の援助として外国軍が活動している場合に限ると答弁しているのです。

さらに後方支援について、活動場所が「現に戦闘が行われていない地域」にまで拡大されましたが、安倍首相は五月二七日の衆議院特別委員会で「今現在戦闘行為が行われていないというだけではなくて、自衛隊が現実に活動を行う期間について戦闘行為が発生しないと見込まれる場所を実施区域に指定することとなります」と発言しています。これは従来の非戦闘地域の定義をほとんど踏襲していると認めたことになります。そうであれば、なんのために「現に戦闘が行われていない地域」という文言への変更が必要だったかは甚だ疑問ですが、自衛隊員の安全のためにはよかったと思います。

国会においてこれらの言質をとったことは、けっして無駄ではありません。こうした重要な答弁を市民はよく覚えておき、もし政府が違反するようなことがあれば、約束が違う、と言わなければならないと思います。

集団的自衛権違憲訴訟は可能か

言質ということでは、少なからぬ与党議員が「違憲か合憲かを決めるのは憲法学者ではなく裁判所だ」というようなことを言っていましたが、それを逆手にとった方法をとることも可能だと思います。例えば、地方自治法における住民訴訟の仕組みを応用して、今回の安保法制について最高裁の意見を聞けるよう国防関係特別訴訟法のような法律をつくってはどうでしょうか。反対派の議員が協力して法案を提出し、「出るところへ出てかたをつけようじゃないか、あなた方は自信があるのでしょう?」という議論をしていくことはできると思います。

今回の安保法制は法的な問題も多く、実際の運用段階で重大な訴訟になるリスクを抱えることになります。そのような訴訟リスクを抱えた条項をつくること自体、政府として極めて無責任です。しかし、私の考えは、「だから裁判を起こして裁判所に判断させよう」という主張とは少し違います。

この安保法制は国民の六割近くが憲法違反と知っているという意味で、非常に珍しいケースです。これだけ明白な憲法違反なのですから、最高裁に頼るのではなく、やはり選挙などを通じて国民自らの手で是正するのが、本来のあり方ではないかと思うのです。

違憲訴訟を起こすとしても、具体的な事件が起きなければ日本の裁判所は判断しませんので、集団的自衛権についても、実際に運用されてからでないと、裁判所が判断する可能性は低いということになるでしょう。

ただし、何かのきっかけで訴訟になる可能性がないわけではありません。「今回の法案に賛成した国会議員の中には弁護士もいるのだから、彼らに懲戒請求をかけてみたらどうか」という意地悪な意見もあるのですが、実際にそうなれば懲戒請求を差し止める過程で訴訟になるでしょうから、最高裁は判断を出さざるを得ないということになると思います。

附帯決議に盛り込まれた仕掛け

今回の国会審議による成果として、野党である「日本を元気にする会」「新党改革」「次世代の党（当時）」が、法案への賛成と引き換えに、閣議決定に附帯決議を取りつけたことも挙げられるでしょう。元々は安保法案に反対の立場だった「元気」の松田公太代表は、最終盤で賛成に回ったことにより反対派から裏切り者扱いされました。しかし、数の力で勝る与党の強硬な姿勢を前提とする限り、少しでも法案の問題点を是正するためには、それ以外の道がないというぐらいギリギリの判断だったのではないかと思います。この附帯決議には法案の問題点を是正する、注目すべき内容が含まれています。

まず第一項で、「存立危機事態と武力攻撃事態が重ならないことはほとんどない」と確認した上で、第二項で、「武力攻撃事態等に該当しない存立危機事態での防衛出動は、例外なく国会の事前承認を求める」とされていることは非常に重要です。武力攻撃事態はいきなり行われることもあるため、国会の承認は後でもいいとされています。しかし、武力攻撃事態でないにもかかわらず存立危機事態を認定する場合には、必ず国会の事前承認が必要とされたのです。国会承認を取るためには、政府の側が「なぜ存立危機事態に当たるのか」を説明しなければなりませんから、政府の独断で武力行使がなされる危険は格段に下がるでしょう。また、もしねじれ国会ができれば、この条項により、少なくとも集団的自衛権の行使を止めることは可能になるわけです。

その他、第四項で、自衛隊の海外活動については丁寧な説明と情報開示の下、一定期間ごとに国会の承認が要求されること、第五項で、国会が活動終了決議をした時には、「速やかにその終了措置をとる」ことが盛り込まれました。

附帯決議は法律の条文とは違いますから、政府の不当な武力行使を抑制するのに十分とは言えません。しかし、こうした附帯決議が閣議決定の形で担保され、内閣自身の意思決定として自己拘束することになります。また、法律成立後も協議会を設置して法改正措置を含めて検討することも定められているので、今後の協議の行方に注目しなければなりません。

今回の安保法制には非常に多くの問題点があり、市民の間に反対運動が盛り上がりました。残念ながら廃案には至りませんでしたが、市民の反対の声が強かったからこそ、あれだけ強硬姿勢だった政府も妥協に応じざるを得なかったという面はあるはずです。絶対反対の態度を示す人がいる一方で、「元気」「改革」「次世代」の附帯決議のように、「やるのであれば、こちらの方が合理的ですよ」と交渉していく動きもまた重要だったと思います。こうした総合的な形で、何とか悪い方向に進まないようにしていくことも大事であるということを、今回の安保法制論議を通じて、日本の社会は学ぶことができたのではないでしょうか。

【Q&A】

憲法改正と戦後八〇年の行方について

一色　今回の「本と新聞の大学」のテーマである「日本の『それから』～戦後八〇年はあるのか」に関連して、お話を伺いたいと思います。今後、戦後を形作ってきた平和主義、国民主権、基本的人権の尊重を謳《うた》った現憲法が大きく変わっていくとすれば、「戦後八〇年はあるのか」という問いに対して、どうお考えになるでしょうか。

木村　憲法学的には、「戦後〇〇年」というのは長い第一共和政の時代と説明できるでしょう。第一共和政とは、王国や君主国が終焉《しゅうえん》を迎えて最初の民主化された憲法体制という意味です。例えば、フランスは現在第五共和政ですが、フランス革命後の一七九一年憲法下の第一共和政の後、再び帝政や王政復古を経て民主制が復活し、五つ目の民主的な憲法体制ということです。

通常、第一共和政は非常に短命です。帝国・王国だった国には復古勢力が一定程度存在し、根強い政治的な力を持っています。そうした復古勢力が共和政府を攻撃することによって第一共和政が解体し、復古勢力への揺り戻しを経た後、第二共和政ぐらいから安定するという流れになることが多いのです。ドイツがよい例で、ドイツの第一共和政はワイマール憲法ですが、ナチス第三帝国の失敗を経て、第二共和政憲法であるボン基本法のもとに現在のドイツが成り立っています。

七〇年も第一共和政を続けてきた日本は、政治的にうまく安定したということができるでしょう。しかし同時に、復古勢力にある程度妥協しているという面は否定できません。

復古勢力にそれなりの譲歩をしたことは、日本の体制の安定性の源泉であると同時に不安定要素でもあるわけです。

そこで、この長い第一共和政として八〇年目を迎えることができるのかという問題ですが、ここまで持ったのだからうまくいくだろう、と期待できる面もありつつ、復古勢力に譲歩しすぎてしまったことで、共和政の内部から食い破られてしまう可能性もないとは言えません。そのあたりが今後の注目点になってくると思います。

一色　憲法を改正するには、日本では衆参両院共に三分の二以上の賛成、さらに国民投票で過半数の賛成が必要です。非常に高いハードルだという意見がありますが、だからこそ七〇年続いてきたとも言えるのではないかと思います。この点についてどうでしょうか。

木村　憲法改正規定においては、手続きの厳しさとともに、その手続きによってどこまで改正できるのかという改正限界も定められているのが一般的です。例えばドイツの憲法改正手続きでは、連邦制と人権尊重についての条項を変えることはできません。また、フランスの憲法はフランス革命以降の一〇〇年間、一五年くらいの間隔で大きく変更させられてきて、二〇世紀に入ってようやく安定しました。現在の第五共和政憲法には、共和政原理は変えることはできない、という規定があります。さらに、いわゆる人権条項が外づけになっており、第五共和政憲法の下でも、一七八九年のフランス人権宣言が未《いま》だに現役です。それは、一七八九年宣言を憲法改正手続きで変えるということをフランス人は想定していない、ということを意味します。

つまり、それぞれの国が「これは国家の根幹だ」と考えたことについては改正手続きによっても変えられないよう決められており、逆に変えられるのは、どちらかと言うとマイナーな条項なので、憲法改正の手続きはゆるくてもいいという話なのです。その意味で、日本国憲法は、改正限界が比較的少ない憲法だと言えるでしょう。だとすれば、手続きは他の国と比べて厳し目であっても、それは理屈にあっているわけです。

憲法改正というと九条が問題になりますが、例えば、天皇制廃止が検討されたとして、衆参両院の過半数と国民投票過半数というハードルでいいのだろうか、ということを考えてみてほしいと思います。おそらく改憲派であっても、天皇制廃止のような重大な条項を変えるのであれば、最低限、衆参両院で三分の二ぐらいのコンセンサスは必要だと考えるのではないでしょうか。

最高裁が統治行為論で判断しない可能性について

Q　安保法制に関する憲法訴訟のお話がありましたが、どういう形で訴訟が提起されるかということとは別に、出口のところでの議論である統治行為論、つまり、この問題について最高裁が判断をしないのではないかということについて、ご意見をお聞かせください。

木村　統治行為論は、国家機関の行為のうち極めて高度の政治性を有する問題については、裁判所は判断を回避するという理論です。あまり政治的な問題に裁判所が介入することで、国会や内閣の判断権を侵害するのを避ける意味があります。また、裁判所が政治問題への関与を深めていくと、裁判官人事の政治的介入が強まるのではないかという懸念も考慮されているでしょう。

ただ、これまで統治行為論で判断回避があったのは、自衛隊が違憲かどうか、あるいは、日米安保が違憲かどうか、といった、日本の統治機構の根幹に関わるようなことばかりです。これに対して、集団的自衛権の行使は、個別にとった作戦行動に関する細かい話になってきますので、裁判所としても判断しやすい問題ではないかと思います。

少なくとも、政府が違憲ではないかと問われて、「合憲だ」と答えずに「統治行為だから大丈夫」と答えたとすれば、それは、泥棒だと言われて「警察に捕まらないから大丈夫」と言うようなものです。もし、このような論理を政府が持ち出してくるのであれば、自ら違憲と認めているに等しく、法廷で不利に扱われる発言となるでしょう。

個別的自衛権は違憲か

Q　私は、自衛隊はどう見ても戦力であり、憲法九条に違反していると思います。九条の例外規定という話はわかりにくく、自衛隊の存在や防衛に関して、やはり憲法改正を議論すべきではないでしょうか。

木村　九条に照らして、自衛隊の存在に違和感を持つ方は多いようです。私自身は多くの憲法学者と同様に、憲法十三条を根拠に個別的自衛権は合憲であるとの解釈は、十分に説得的だと考えています。しかし、もっとわかりやすくするため、あるいは、これまでの解釈を確定するために改憲をするということであれば、その議論は真剣にやるべきです。

実は、改憲を主張する人は集団的自衛権も含めた全面的な軍事権の復活を主張するばかりで、個別的自衛権だけを認める改憲提案がなされたことは今までありません。そうした議論がこれまで行われてこなかったことは非常に残念ですし、個別的自衛権について明確に憲法で規定されたほうが納得できる国民が増えるということであれば、議論の機会がつくられていくといいのではないかと思います。

第五回　戦後が戦前に転じるとき　顧みて明日を考える

山室信一

〔やまむろ・しんいち〕

歴史学者・政治学者。京都大学人文科学研究所教授。一九五一年熊本県生まれ。一九七五年東京大学法学部卒業。衆議院法制局参事、東京大学社会科学研究所助手、東北大学助教授、京都大学人文科学研究所助教授を経て、一九九八年より同教授。二〇一三年から二〇一五年まで同研究所所長。一九八五年『法制官僚の時代』で毎日出版文化賞、一九九三年『キメラ　満洲国の肖像』で吉野作造賞を受賞。二〇〇九年紫綬褒章を受章。

（講義日　二〇一五年一〇月一三日）

モデレーター／一色　清

【講演】

戦争に対するさまざまな見方

今日は、「戦後が戦前に転じるとき――顧みて明日を考える」というタイトルで、私が考えておりますことをお話しさせていただきたいと思います。

今年（二〇一五年）は戦後七〇年ということで、メディアではかつての戦争と戦後について、さまざまな形で報道がされていますが、そもそもその「戦後」とはどの戦争の戦後なのか、そして、その「戦後」はいつ始まったのか、昨今の報道ではよくわかりません。

例えば、八月一五日は終戦の日と言われますが、これは国際法上、何の意味もない日です。この日は、一九六三年五月に閣議決定で全国戦没者追悼式を政府主催で実施するとされ、それが終戦記念日として定着していったわけですが、国際法的に言えば、アメリカの戦艦ミズーリ号上（東京湾）で日本が降伏文書に署名した一九四五年九月二日が終戦の日となります。

では、一九四五年九月二日に終わった戦争は、いつ始まったのでしょうか。一九四一年一二月八日の真珠湾攻撃から始まった戦争でしょうか。それとも、一九三七年七月七日の盧溝橋《ろこうきょう》事件から始まった戦争と見るのか。あるいは、一九三一年九月一八日の満洲事変から始まった戦争なのでしょうか。

一九四六年五月三日から始まった東京裁判（極東国際軍事裁判）の起訴状を見ますと、一九二八年一月一日から一九四五年九月二日までに行われた行為に対する裁判となっていますので、一七年戦争ということになるわけですが、じつはこれが国際法的には最も意味をもっています。

このほかに、一八七四年の台湾出兵から始まったとする見方もありますし、作家で文芸評論家の林房雄さんは『大東亜戦争肯定論』で「東亜百年戦争」という言い方をしています。これはつまり、明治維新の約二〇年前の外国船来航に端を発した戦争が一九四五年八月に終焉《しゅうえん》を迎えたとする考え方です。

そう考えると、一九四五年九月二日に日本が降伏文書に署名したとき、戦艦ミズーリ号に掲げられていた旗が、ペリーが乗っていたサスケハナ号に掲げられていたアメリカ国旗だったことは、じつに象徴的です。また、石原莞爾《かんじ》は東京裁判の出張尋問で、「この戦争の戦犯を挙げるとすればペリーではないか」といった趣旨の反問をしていました。

このように、先の戦争に対してさまざまな考え方、見方があるわけですが、私たちはふつう、近現代には、日清戦争、日露戦争、第一次世界大戦、第二次世界大戦の四つの戦争があったと学んできました。しかし、一八七四年の台湾出兵以降、日本が外国に出兵した回数は一六回に及びます。つまり、近現代にはさまざまな「戦後」があったわけです。

日本の歴史にみる四つの「戦後」

さらにここで、もっと長い歴史の流れのなかで、「戦後」を考えてみたいと思います。すなわち、日本の歴史上では四つの「戦後」があったと考えることができます。その四つとは、古代、中世、近世、近現代における対外戦争の「戦後」です。

まず、古代の戦争とは、六六三年の白村江の戦いです。これは、朝鮮半島の百済《くだら》を救援するために出兵した倭国の水軍が、唐と新羅《しらぎ》の連合軍に大敗を喫した戦争です。白村江の戦いに負けたことによって、日本は何をしたかというと、戦争に勝った大陸の文化を積極的に取り入れたわけです。例えば、百済から非常に多くの渡来人がやってきて、さまざまな文物や技術などを日本に伝えました。また、唐の文化や律令制度も取り入れていきますが、当然のことながら、勝者に学んでいくわけです。

しかしその一方で、外国の文化を取り入れることに対して心理的な反発が起こります。平安時代になりますと、漢字・漢文による文化に対する反発から仮名を用いる和字・和文による国風文化が起こってきます。そして、和魂漢才と言われるようになるわけです。

次に、中世の戦争とは、一二七四年と八一年の文永・弘安の役です。これは、モンゴル帝国のフビライ・ハンによる日本侵攻、すなわち蒙古《もうこ》襲来です。この戦争で日本は、台風が有利に作用して勝利を収めます。これは、日本の大きな対外戦争の中で最初に勝利した戦争となるわけです。

では、この後に何が起きるか。例えば、北畠親房《きたばたけちかふさ》の『神皇正統記』に「大日本は神国なり」とありますように、日本は神の国であるという考え方が定着していきます。神国という言い方は、インドの仏教や中国の儒教などに対して、日本は神道の国であるとする宗教的な立場の顕示でもありますが、こうした考え方が、第二次世界大戦で唱えられたように、最後には「神風が吹く」とか「神州不滅」といった精神に受け継がれていくわけです。

次に、近世の戦争とは、一五九二年と九七年の文禄・慶長の役です。これは、豊臣秀吉が明の征服を目指して出兵し、朝鮮半島で行われた戦いですが、朝鮮では壬辰《じんしん》・丁酉《ていゆう》の倭乱と言われます。このとき何が起きたかというと、製陶や土木測量、医学などの技術が日本に伝えられました。司馬遼太郎さんの『故郷忘じがたく候』に描かれているように、朝鮮から陶工の沈寿官などを連れてきて、陶器の技術を伝えたわけです。それからこのとき、儒者も連れて来られました。日本の捕虜となった姜沆《カンハン》は朝鮮王朝の儒学者で、まず伊予(愛媛県)の大洲に幽閉され、その後、京都に流されましたが、相国寺で禅学などを学んでいた藤原惺窩《せいか》に出会い、朱子学を教えます。藤原惺窩の門下から林羅山などが輩出し、徳川時代には朱子学が正統な教学となっていくわけです。

しかしここでも、平安時代の国風文化と同じように、漢学に対して本居宣長の国学が起こってきます。そうして、その国学と朱子学が結びついた形で水戸学が出てくるわけです。そして四つめが、先ほどお話ししたように、近現代の戦争です。外国船来航によって鎖国が破られたと考えれば、これも一つの「敗戦」になるわけですが、日清、日露、第一次世界大戦、第二次世界大戦と続き、一九四五年九月に一連の戦争が終結するわけです。

この後、日本は戦勝国であるアメリカの文化を積極的に取り入れていきますが、同時にまた、それに対する反発も出てくるわけです。

このように、歴史をマクロに見ますと、白村江の戦いから始まった対外戦争の後では、戦後レジームをいかに作り、次にそこからどう脱却するかという問題に直面してきたことに気づきます。つまり、軍事的な戦争の後に政治・文化的な戦争が起き、対戦国との同化や反発という対抗的流れが見えてくるわけです。戦後レジームが、いわば戦時レジームからの脱却であるとするならば、戦後レジームからの脱却は戦時・戦前レジームへのいわば同化ということができるでしょう。

このことを踏まえると、日清戦争以降の四つの戦後は、じつは一つの戦後であることを意味しています。どうしてそう言えるのかをお話ししていきましょう。

ポツダム宣言が意味するもの

まず、日本がポツダム宣言を受諾したことによって終結した戦争とは、いつから始まったのか。天皇による「終戦の詔勅《しょうちょく》」によれば、「交戦已《すで》ニ四歳ヲ閲《けみ》シ　朕カ陸海将兵ノ勇戦　朕カ百僚有司ノ励精　朕カ一億衆庶ノ奉公」とあります。つまり、天皇あるいは当時の政府・軍部の意識では、一九四一年一二月八日に始まった戦争がこれで終わったと捉《とら》えられているわけです。その日付は、詔勅の末尾に記されていますとおり、一九四五年八月一四日で、この日をもって戦闘状態は停止されたことになります。翌一五日は天皇の玉音放送があった日で、それがたまたま日本の盂蘭盆《うらぼん》の習慣と重なっていたものですから、戦没者を追悼する日として定着していくわけです。

では、一九四一年一二月八日から始まった戦争が一九四五年八月一四日に停止されたのであれば、なぜ日本は、朝鮮や台湾、そして南洋諸島から退去しなければならなかったのでしょうか。朝鮮は日露戦争後に大韓帝国を併合したものであり、台湾は日清戦争後に清朝から割譲されたものです。南洋諸島は、第一次世界大戦後に、国際連盟によって日本が委任統治を託された地域です。そしてまた、独立国家であったはずの満洲国の皇帝溥儀《ふぎ》はなぜ、一九四五年八月一八日に退位しなければならなかったのか。そういう疑問が出てきてもおかしくありません。その謎を解く鍵は、ポツダム宣言にあります。

ポツダム宣言の第八項には、「カイロ宣言ノ条項ハ履行セラルヘク又日本国ノ主権ハ本州、北海道、九州及四国並ニ吾等ノ決定スル諸小島ニ局限セラルヘシ」と書いてあります。つまり、ポツダム宣言は、カイロ宣言を含んでいるということです。

カイロ宣言とは、一九四三年一一月に、イギリスとアメリカと中華民国の三国が出した宣言で、これ自体は一方的に出された宣言ですから、国際法的な効力はありません。しかし、ポツダム宣言を受諾すれば、そこにカイロ宣言も含まれますから、国際法的な効力をもつことになるわけです。

そのカイロ宣言には、第一次世界大戦の開始以後において「日本国ガ奪取シ又ハ占領シタル太平洋ニ於ケル一切ノ島嶼《とうしよ》ヲ剝奪スルコト並ニ満洲、台湾及澎湖《ほうこ》島ノ如キ日本国ガ清国人ヨリ盗取シタル一切ノ地域ヲ中華民国ニ返還スルコト」と書いてあります。さらに、「日本国ハ又暴力及貪慾ニ依リ日本国ノ略取シタル他ノ一切ノ地域ヨリ駆逐セラルベシ」とあります。そして、前記三国は、朝鮮の人民の奴隷状態に留意し、やがて朝鮮を自由かつ独立のものにする決意を有する、と明記されています。

台湾と澎湖諸島は、日清戦争後の下関条約によって日本の植民地になりました。日露戦争後のポーツマス条約では樺太《からふと》の南半分と関東州の租借権そして長春以南の南満洲鉄道とその付属利権を獲得し、満洲事変後の満洲国建国によって、満洲は事実上の植民地となったわけです。朝鮮については、韓国の併合が国際法的に有効か無効かという議論はありますが、カイロ宣言に見られるように、朝鮮の解放が明確にうたわれています。

ここで重要なことは、下関条約もポーツマス条約もベルサイユ条約も、その当時の段階では確定しているにもかかわらず、ポツダム宣言によってそれらすべてが否定されているということです。これは当然、国際法的には遡及効《そきゆうこう》となりますが、日本はそれを承知で受諾したわけです。つまり日本は、一九四五年にそれまでの過去五〇年間の戦争について清算を求められたことになります。言いかえれば、日清戦争以来、日本が行ってきた五一年戦争が終わったということを意味しています。

日本が表明してきた歴史認識

このことを理解したうえで、では歴史認識の問題として、日本は国際的な条約においてどのような表明をしてきたのでしょうか。

まず、一九五一年のサンフランシスコ平和条約から始まり、翌五二年に中華民国との間で平和条約を結びます。五六年に日ソ共同宣言、六五年に日韓基本条約が結ばれます。その後七二年の日中共同声明によって中国との国交正常化を果たし、二〇〇二年には当時の小泉純一郎首相によって北朝鮮との間で日朝平壌《ピョンヤン》宣言が実現するわけです。

これら日本の戦後処理としての国際的な条約などにおいて、日中共同声明までは、歴史認識に関する言葉はまったく見られません。あくまでも戦争状態が終結したと書いてあるだけです。ところが、日中共同声明では、「日本側は、過去において日本国が戦争を通じて中国国民に重大な損害を与えたことについての責任を痛感し、深く反省する」と明記されています。

日朝平壌宣言では、「日本側は、過去の植民地支配によって、朝鮮の人々に多大の損害と苦痛を与えたという歴史の事実を謙虚に受け止め、痛切な反省と心からのお詫びの気持ちを表明した」という歴史認識が示されています。国際条約でこうした歴史認識や謝罪の文言を示すことは、きわめて稀《まれ》なことですが、条文や宣言に示された文言の意味合いを正確に踏まえたうえでなければ、歴史認識をめぐる国際的な議論はできないのではないでしょうか。

日清戦争後の中国と日本

さて、戦後が戦前に変わるということの意味合いについて考えてみたいと思います。戦後が戦前に変わる条件は、それぞれの戦後の状況によりますので、等し並みに言うことはできませんが、例えば日清戦争後、中国と日本の間にどういうことが起きていたのでしょうか。

中国の清朝では一八六〇年代から洋務運動を進めていました。洋務運動とは、中国の精神は重視しながらも、ヨーロッパの科学技術を導入して国力の増強を図ろうとする運動でした。上海《シャンハイ》では大規模な造船所や兵器工場がつくられ、最新の技術や学問を教える人材もヨーロッパからやってきました。同時に、そうした最新の技術や学問は、マテオ・リッチ以来、中国に派遣されていた宣教師たちが中国語に翻訳して出版します。

これらは西学書と言われ、日本にも入ってきました。幕末の横井小楠《しょうなん》や佐久間象山などは、こうした漢訳の西学書を通じて最新の世界情勢や欧米の政治・文化を学んでいました。

例えば、日本で最初の憲法と言われる『政体書』には、三権分立が示されていますが、これは、アメリカの大統領制度や三権分立制度について著された『連邦史略』という漢訳の西学書を参考につくられたものです。

江戸時代には、長崎に書物改役《あらためやく》が設けられ、中国からの書物をチェックし、キリスト教に関係する書物は持ち帰らせませんでしたが、重要な書物は写本で流布してもいました。幕府の紅葉山文庫（現・国立公文書館蔵）などには、そうした漢籍が残されていますが、その意味では、中国からもたらされた西学書が、日本近代の基礎をつくったと言えるわけです。

洋務運動によって国力を増強し、「定遠」など東洋一と称された軍艦をもちながら、中国は日清戦争に敗れました。西洋の文物を取り入れながらなぜ日本に負けたのか。そこで、康有為《こうゆうい》や梁啓超《りょうけいちょう》といった若手の官僚たちは、国家の政治制度を変えなければならないと考え、日本の明治維新をモデルにして、議会政治を基礎とする立憲君主制の樹立を目指す変法自強運動（戊戌《ぼじゅつ》の変法）を起こします。しかし、この国政改革運動は、西太后の反対により一〇〇日間で潰《つぶ》れてしまいました（戊戌の政変）。

変法自強運動はしかし、一つの成果を残します。日本の文物を学ぶために日本語を翻訳する訳書局をつくり、それが現在の北京大学の前身となります。これも、敗戦国が戦勝国に学ぶ一つのパターンと言えるでしょう。

一方、立憲君主制を目指す変法自強運動に反発して、孫文をはじめとする人々は辛亥《しんがい》革命を起こすわけですが、この革命は共和制を目指すものだったわけです。革命を成し遂げるためには、最新の学問を摂取している日本に学ぶ必要があり、革命派も日本を活動拠点としました。要するに、ヨーロッパに行って語学を習得することから始めていては時間がかかりますが、日本で出版されている書物は漢字と仮名ですから、比較的容易に読むことができるわけです。

さらに、中国では一九〇五年に科挙制度が廃止され、それに代わる官僚登用制度の条件が日本の大学課程などを修めることになったため、当時、二万人近くの中国人が日本に留学しました。中華民国の政治家で、孫文の側近として活躍した汪兆銘《おうちょうめい》は、法政大学にできた速成科に学んでいますが、こうした留学生たちが、中国の近代化や国家建設を担うようになっていったわけです。この日本で学ぶ学問は、新学あるいは東学と呼ばれました。そして、東学を学んだ汪兆銘や蔣介石《しょうかいせき》などが日中戦争では対日スタンスにおいて複雑な選択を迫られることになります。

第一次世界大戦で何が変わったのか

私が勤めている京都大学人文科学研究所では、二〇〇七年から「第一次世界大戦の総合的研究」に取り組んでいます。その成果として、二〇一四年に『現代の起点　第一次世界大戦』全四巻（岩波書店）を刊行しました。タイトルのとおり、私たちの生活世界の変化が第一次世界大戦から始まっているのではないかというテーマを追求するものです。

日清戦争と日露戦争は、言うまでもなく二国間戦争ですが、第一次世界大戦は多国間戦争であり、これを機に戦争の意味合いが変わってくるわけです。

では、第一次世界大戦で何が変わったのでしょうか。それまでの戦争は、国家主権の自由な発動でできたわけです。ところが、一九〇七年にオランダのハーグで開かれた第二回万国平和会議で成立した「開戦に関する条約」で宣戦布告が戦争の条件とされました。日本は日清・日露の戦争で宣戦布告をする前に戦いを仕掛けたわけですが、その当時の国際法では違法ではありません。しかし、一九〇七年以降は、宣戦布告をしないで戦争をすることはできなくなった。また、第一次世界大戦後のベルサイユ条約によって国際連盟ができ、その規約で戦争禁止に向けて動き出すなど、決定的な変化があったわけです。

そして、一九二八年、ケロッグ＝ブリアン条約、すなわちパリ不戦条約によって、国際紛争を解決する手段としては武力の行使および武力による威嚇を行わないことが規定されました。東京裁判が一九二八年一月一日からの日本の行為を対象としたのは、この不戦条約の規定に基づいています。つまり、日本は不戦条約に違反して戦争を行ったので、裁かれなければならないという論理です。不戦条約があるからこそ自衛のための戦争と侵略戦争の区別とが必要となり、戦争の犯罪性が問題となるわけであり、それまでの戦争には自衛も侵略もなかったわけです。換言すれば、国際社会が国際機関を通じて戦争の正当性を判断するのが「現代世界」ということになります。

戦前への転換期にみられるメカニズム

戦後が戦前に変わるときには、主に三つの契機が見られると私は考えています。

まず一つは、国際情勢の変化のなかで、仮想敵国と軍事同盟の話が現れてくるときです。武装することで平和を実現する、平和を守るためには軍備が必要であるという主張は、戦後から戦前に転換する際に必ず現れます。そして、「武装的平和」のためには軍事同盟が不可欠だという議論が出てきます。

軍事同盟とは、国際秩序における対抗関係を顕在化させます。共通の敵を見いださなければ、同盟にはなりえないからです。例えば、一九四〇年の日独伊三国同盟において、ドイツはヨーロッパにおける新秩序をつくる、日本はアジアにおいて新しい秩序をつくるという目的を掲げます。それに対してアメリカがくず鉄・鉄鋼の対日輸出禁止措置をとるなど、英米との対立関係が強まる悪循環に入り込んでいきました。

問題は平和が戦争の正当化の口実となることです。日清戦争や第一次世界大戦の開戦の詔勅には、「東洋の平和」を守るために出兵すると明記されています。そこにあるのは、戦争が終わることで平和になるというのではなく、平和を実現するために出兵するという論理です。他方、伊藤博文を暗殺した安重根《アンジュングン》は、処刑される二週間ほど前に書き始めたと推定される未完の「東洋平和論」の中で、東洋の平和を掲げながら、それを最も損なってきたのは日本である。それに対して自分たちは義の闘争をしている。自分はその義兵の参謀中将だから、国際法に従って自分を裁いてくれと訴えています。つまり、伊藤を暗殺したのは、平時の行為ではなく、自分たちは日本との独立戦争を戦っており、その目的はあくまでも「東洋の平和」という目的を達成するためであることを国際法に関わる裁判として世界に向けて主張したい、ということでした。

二つめの契機は、平和を脅かす脅威を煽《あお》り、敵を侮蔑《ぶべつ》し憎悪する集団的心理が現れてくるときです。なぜ戦争が必要なのかといえば、平和を脅かす脅威があるというのです。

例えば、作家の樋口麗陽《ひぐちれいよう》は、早くも一九二〇年に『小説 日米戦争未来記』を著して、第二次世界大戦を予言しています。そして、存立の危機を訴え、戦争の脅威を煽り、武装が必要であることを説いていきます。同時に一方で、敵となる相手に対して、かれらは自分たちより野蛮で劣っていると侮蔑し、憎悪する。そういう形で集団的心理が現れてくるわけです。

そして三つめの契機は、ある一線を踏み越えるという感覚が個人に現れてくるときです。

精神分析学にトランスグレッションという概念があります。これは、個人の行動において正常な判断ができなくなると、ふだんならやるはずがないと思っていることをある瞬間に平気でやってしまう精神状況のことです。突如、ある一線を飛び越え、踏み越えてしまうわけです。この反対は、ホールディング・オン、踏みとどまるということです。

例えば、国際間の問題が紛糾すると、解決できない政府や政治家は、問題はあくまで相手方にあって、自分たちは我慢してきたが限界にきたことを強調します。国民もまた煽られて戦争は避けることができない、という精神状態になる。これまではなんとか穏便にやってきたけれども、もはや堪忍袋の緒が切れたという興奮状況に追い込まれる。実際、盧溝橋事件に際して出された日本政府の声明には、次のような文言が見られます。

「帝国は隠忍に隠忍を重ね事件の不拡大を方針とし……」「此の如《ごと》く支那側が帝国を軽侮し不法暴虐至らざるなく全支に亘《わた》る我が居留民の生命財産危殆《きたい》に陥るに及んでは、帝国としては最早隠忍其《そ》の限度に達し、支那軍の暴戻《ぼうれい》を膺懲《ようちょう》し以《もっ》て南京政府の反省を促す……」

要するに、我慢を重ねてきたが、もはや限界に達したのでやむを得ずやらざるをえない、他に方法はないという論理です。こうした踏み越えの精神状態は、米英との開戦時にも顕著に見られます。そして、敵愾心《てきがいしん》を高めるために「暴支膺懲」や「鬼畜米英」が叫ばれましたが、なぜそうなるのかについては論理的に説明されることはありませんでした。

作家の獅子文六は、アメリカとの戦争が始まった一九四一年一二月八日のことを「あの日」(『獅子文六全集』第一三巻、朝日新聞社)と題して、こう書き記しています。

「ドカンと、大きな音でもした感じだった。シーンと、耳が鳴ってる感じだった。やがて、宣戦の大詔が、奉読されてた。…ふと、自分は、ラジオを聴く前と、別人になってるような気持がした。その間に、一年も二年も、時間が経ってるような気持がした。一間も二間もある壕を、一気に跳び超えたような気持がした」

ここにはまさに時間と空間のトランスグレッション、飛び越えの感覚が示されています。あるいは、高村光太郎に「十二月八日の記」（『戦争と文学』8、集英社）という文章があります。

「宣戦布告のみことのりを頭の中で繰りかえした。頭の中が透きとおるような気がした。世界は一新せられた。時代はたった今大きく区切られた。昨日は遠い昔のようである。現在そのものは高められ、確然たる軌道に乗り、純一深遠な意味を帯び、光を発し、いくらでもゆけるものとなった。この刻々の瞬間こそ後の世から見れば歴史転換の急曲線を描いている時間だなと思った。時間の重量を感じた」

ここにも、戦争によってある一線が踏み越えられ、時間感覚が混濁していながら、そこで何かが一新されたような錯覚に陥る精神作用が現れています。

中国文学者の竹内好も、同じアジアの中国と戦争をすることが嫌で嫌でしょうがなかったのですが、米英と戦争することになって解放された気分になったことを「支那事変に何か気まずい、うしろめたい気持があったのも今度は払拭された」と日記（「年譜」一九四一年一二月一二日の条、『竹内好全集』第一七巻、筑摩書房）に書いています。ここには一つの罪責感が、より大きな行為に踏み込むことで解消されていく、しかし、それは更なる無謀行為となるというトランスグレッションの危うい問題がひそんでいます。

また、文学者の伊藤整も、開戦のニュースに接して、トランスグレッションによって与えられる解放感を「十二月八日の記録」で次のように書いています。

「私は急激な感動の中で、妙に静かに、ああこれでいい、これで大丈夫だ、もう決まったのだ、と安堵《あんど》の念の湧くのをも覚えた。この開始された米英相手の戦争に、予想のような重っ苦しさはちっとも感じられなかった。方向をはっきりと与えられた喜びと、弾むような身の軽さとがあって、不思議であった」（『昭和戦争文学全集』第四巻、集英社）

このように、戦後が戦前に変わるときには、国際情勢の大きな変化があり、それにともなう社会集団的な構造の変化があり、そして、個人においては踏み越えの感覚が現れてきます。危険だと頭ではわかっていても、それで何かが一挙に解決されるように考えてしまう。その思考停止に一種の安堵感を覚え、まさに「死の跳躍」を敢《あ》えて選択してしまうのです。戦後が戦前に転換する時、こうした心理メカニズムが働くのではないかと私は推察しています。

東アジアにおける歴史戦争

ところで、平和と脅威がともに重なる時代になっている今、一人の歴史研究者として、あるいは一人の日本人として、私が最も懸念していることは歴史戦争、ヒストリーウォーズです。とりわけ東アジアでは、従軍慰安婦問題をはじめ、「南京事件」に関する資料のユネスコ世界記憶遺産登録、あるいはシベリア抑留に関する資料の世界記憶遺産登録をめぐるロシアとの問題、さらに韓国と中国の間における高句麗史の帰属をめぐる問題などがあり、私たちはいわば歴史戦争の火種をたくさん抱えているように思われます。

これに対して、イデオロギーではなく、お互いに史料に基づいて議論していかなければならないのですが、日本にはそのための重要な史料がほとんど残されていません。なぜなら日本は、終戦の時期に公文書をほとんど焼いてしまったからです。三日三晩焼き続けて、霞が関ではその煙で辺りがほとんど見えないくらいになったと言いますし、満洲の地でもドラム缶の中で公文書を焼いていったと言われています。

最大の戦争責任は、こうした公文書などの後世に伝えるべき重要な史料を焼却してしまったことにあるのではないでしょうか。どうしてそういうことが行われたかというと、ポツダム宣言の中に戦争責任を追及することが書かれていたからです。ポツダム宣言を受諾する以上、責任の追及があるため、その証拠となる文書資料を早急に焼いてしまえということです。為政者が自らの責任を逃れるために、国民の歴史が抹殺されたのです。こうしたことは、日本だけがやったことではありませんが、自分たちに不都合なものを焼却した身勝手な行為こそ、次の世代の人々に解決困難な対立を強いているわけです。

踏みとどまる道を模索する

「天災は忘れた頃にやってくる」という言葉は、寺田寅彦によるものと言われていますが、彼は一九三四年、つまり満洲事変の三年後に、「天災と国防」(『寺田寅彦随筆集』第五巻、岩波書店)という随筆で次のように書いています。

「『非常時』というなんとなく不気味なしかしはっきりした意味のわかりにくい言葉がはやりだしたのはいつごろからであったか思い出せないが、ただ近来何かしら日本全国土の安寧を脅かす黒雲のようなものが遠い水平線の向こう側からこっそりのぞいているらしいという、言わば取り止めのない悪夢のような不安の陰影が国民全体の意識の底層に揺曳《ようえい》しているこことは事実である」

要するに、実態のわからない「非常時」という不気味な状況が作られ、「国防」ということが言われるようになると戦争に突破口を求める——そうした危険性に無関心になる国民心理の変化に注意すべきだと忠告していたわけです。しかし、戦争はあくまでも人為によって起きるものであり、戦争は忘れた頃に自然にやってくるわけではありません。

満洲事変を引き起こした関東軍参謀の石原莞爾は、「満蒙問題の解決は日本の活《い》くる唯一の途《みち》なり」（角田順編『石原莞爾資料―国防論策篇』原書房）として軍事行動に走りましたが、「この道しかない」というときこそ最も危ない。つまりこれは、それ以外の可能性を考えることさえ放棄している言葉なのです。外交で対応できないから、戦争が唯一の道になってしまうわけです。ですから私は、「戦前」は「忘れたふりをするところにやってくる」のではないかと思っています。

ある一線を踏み越えること、トランスグレッションは唯一《ただ》つかもしれませんが、踏みとどまる道はじつは数多くあるはずです。それは、私たちが想像力によって、いわばカウンターとして提供していくしかありません。ハンガリーの社会学者カール・マンハイムは、

『イデオロギーとユートピア』（中央公論新社）という著作のなかで、「ユートピアのさまざまの形態の消滅とともに、歴史への意志と歴史への展望とを失う。こういう、考えられるかぎり最大の逆説が起こってくる」と忠告しています。

つまり、こういう方向でやっていきたいという希望やアイディアがあるからこそ、現状に対して批判もできるし、あるべき提案もできるわけです。そこに踏みとどまるための足場ができます。そのためには、想像力をもち、さまざまな事例を歴史に学びながら、そこからある可能性を見出していくこと。私はそれが今、最も求められていると思っています。

【Q&A】

歴史の検証と政治の現在

一色　日本には公文書をはじめとする戦時中の史料がほとんどないというお話がありましたが、自民党の政調会長の稲田朋美さんが最近、満洲事変以降、東京裁判までの歴史を検証しようということを言っています。しかし、新しく発見できそうな史料もないとすれば、確かな歴史の検証はできるものなのでしょうか。

山室　歴史の検証をやっていただくのは必要かと思いますが、問題は、おっしゃるように史料があるのかどうかということです。あれば、史料を改竄《かいざん》せずにして出してほしい。

東アジアが今、歴史認識でギクシャクしていることの要因の一つは、国のトップが世襲になっていることも見逃せません。日本の安倍首相しかり、韓国の朴槿恵《パククネ》大統領は父親が朴正熙《チョンヒ》で、北朝鮮は三代目。中国の習近平《しゅうきんぺい》国家主席は太子党のひとりで、中国共産党の高級幹部の子弟です。かれらは、そうした世襲の権威の上に乗っているわけですから、歴史を検証することでその権威が危うくなる可能性もある。だから、自分に都合の悪い史料からは目を逸《そ》らそうとするようなメカニズムが働いていると思います。

ちなみに、安倍首相は、一九九三年に衆議院議員に初当選すると、すぐに自民党の「歴史・検討委員会」に入ります。この委員会は『大東亜戦争の総括』（展転社）を出版しています。かつては専門的な知識をもった議員も多かったのですが、世襲議員が増えて、専門的知識に基づいた政策論というより、むしろイデオロギー闘争になっていくわけです。

ですから、例えば、ポツダム宣言や東京裁判を否定するとなると、一九四五年以降の国際秩序をすべて否定することになりますが、それを覆すだけの史料があるのでしょうか。

史料もなしに独断を強いることは問題を更に複雑にする無謀な行為であり、選挙を有利に導くためだけの意図をもって政治家がやってはいけないことだと私は思います。

憲法問題について言えば、一九四六年三月六日の政府による「憲法改正草案要綱」の発表以降、一〇月まで一六〇日以上をかけて多様な議論が行われています。その過程でいろいろな条文が変わっています。例えば、第二十五条第一項「すべて国民は、健康で文化的な最低限度の生活を営む権利を有する」という条文も、それ以前には入っていなかったものです。そうした事実を踏まえずに、日本国憲法は一方的にアメリカから押しつけられたものであるというのは、私たちの先人の努力に対して不遜な態度のように私には思えます。

そして幕末以来、日本人がどれほど平和というものを考えてきたのかということを理解していただきたいと思います。戦前でも憲法を改正して軍備を全廃すべきだという議論はなされているわけです。ですから、そうした自分たちの歴史を踏まえないで、自分の思いだけで憲法を変えてしまうことは、歴史に対しても、私たちの祖先に対しても、思想文化に対しても、冒瀆《ぼうとく》的な行為になりはしないかと私は懸念しています。

メディアに何ができるか

一色　戦後が戦前に変わるときには、仮想敵国とか軍事同盟という言葉が現れるというお話がありましたが、「朝日新聞」紙上で連載した「新聞と戦争」という企画で、満洲事変以前であれば、当時の新聞もそこで論陣を張れば、多少なりとも将来を変えることができたのではないかという考え方を示しています。ところが実際には、新聞の不買運動が起こったり、新聞の発行停止などいくらでもできる状況だったわけです。私のような気の弱い人間があの時代に新聞記者をやっていても、抵抗できたかどうかわかりません。

しかし今の時代は、言論の自由が制約されつつあると言われるなかでも、民主主義が発達し、何よりも命の重みを大切にする文化を築いてきましたので、あの当時に比べ、ブレーキがかかりやすい社会にはなっていると思いますが、山室先生はどのように思われますか。

山室　私もそうあってほしいと思います。歴史的には、第一次世界大戦後にメディアの宣伝力や思想性が非常に重要になってきました。そこで陸軍省に新聞班ができ、新聞を検閲し、指導するシステムが作られます。陸軍省の新聞班は検閲だけでなく、パンフレットなどの発行もしています。そのように権力側がメディア操作を主体的に行うようになったのは、第一次世界大戦以降ですね。

一九八九年の天安門事件の時、私は北京におりましたけれども、民主化運動を率いていた若者たちは、国内外に情報を流すためにファックスを使っていました。チュニジアのジャスミン革命に端を発したアラブの春にしろ、台湾のひまわり学生運動にしろ、香港の雨傘革命にしろ、それぞれに新しいメディアを使っています。抵抗運動はそうしたメディアにかかってくるわけです。ですから、新聞などのマスメディアはもちろん、パーソナルメディアがソーシャルメディアにつながっていくことによって、民主主義や立憲主義を踏みにじる政権に対する牽制《けんせい》になることを期待したいと思います。

大学は権力に抵抗できるか

Q　最近、防衛省と大学や研究機関による「軍学共同」が話題になっています。こうした動きに対して、大学や研究機関は本当に抵抗できるものなのでしょうか。先生のご意見をうかがえればと思います。

山室　ご存じのとおり、二〇一五年一〇月に、防衛省の外局として防衛装備庁が発足しました。なぜ防衛装備庁ができたかというと、これまでの武器輸出三原則による縛りをクリアするためです。つまり、防衛装備であって武器ではないというところがポイントです。同時に、そのことによって公に開発ができるようになる。実際、防衛省では数年前から、防衛研究に対して研究助成金を出しています。これに対して、東京大学も京都大学も、基本的に軍事研究については関わらないという立場を宣言してきました。

ところが、防衛研究なり軍事研究における技術開発では、デュアルユース、すなわち民生にも使えるし、同時に軍事にも使えるという面があります。そのため、研究が民生用か軍事用かを区別することはなかなか難しいわけです。

一部のメディアでは、大学などによる軍事研究への反対声明に対して、これは研究者の自由を阻害するものであると非難し、「軍事研究の自由」を叫んでいますが、結局自分の研究が軍事的に転用されるものであるとするならば、研究者自身が自己規制するしかありません。大学や研究機関で開発される複雑な技術がさまざまに使われているなかで、それが軍事研究であると専門外の人が断定することは困難になっています。

さらに、国立大学では独立行政法人化以降、国から支給される運営費交付金が毎年一％程度ずつ削られていますから、どこの大学でも財政状況が厳しくなっています。とりわけ理系の研究や実験設備には相当のお金がかかりますので、研究費をもらうために軍事研究を受託することにならざるを得ないという面もあります。その意味では、理系の研究者は研究と倫理との間で極めて難しい選択を迫られていると思います。

中国脅威論と日中関係の未来

Q　日本では、いつの間にか中国が仮想敵国になっているように思われていますけれども、私には中国脅威論にリアリティがあるとは思えません。長期的に見て、中国がいずれ日本の領土の一部を自分のものにするようなことがあり得るのかどうか。それからもう一つ、日本と中国のあるべき関係とはどういうものか、先生のご意見をうかがえますか。

山室　これもまた難しい問題ですね。集団的自衛権をめぐる議論では、その事例として当初はホルムズ海峡しか言っていなかったのに、それに説得力がなくなってくると、今度は中国脅威論が持ち出されました。もちろん、中国脅威論などを国会で公言すること自体、外交上たいへんなマイナスであるわけですが、脅威感というものは人によって異なりますので、それに共感する人も出るなど政治的効果については一概に言えません。

他方、中国は新疆《しんきょう》ウイグル自治区やチベット自治区などの独立的な動きに対して弾圧をしています。なぜかというと、そこはもともと清朝の版図だったからです。清朝の版図を守ることは、じつは中国共産党の正統性を支えることでもあるわけです。中国の版図は清朝の時代に最も大きくなりましたが、それを小さくしてしまったら、中国共産党としての歴史的評価に関わってきます。ですからそれを維持しようとします。

同時に、これらの自治区には多くの資源がありますから、当然そこは押さえておかなければならない。ただし、歴史的に見ると、インドとの国境付近ではいろいろと揉め事はありましたけれども、中国がインドに兵を進めたことは一度もありません。それから、ソ連との関係でも、局地的な紛争はあったものの、国境を越えることはありませんでした。ただ、全く問題がないわけではありません。一九五〇年の朝鮮戦争時には、アメリカ軍主体の国連軍に対抗するため中国は義勇軍を派遣しています。また、一九七九年にベトナムによるカンボジア侵攻に対し、中国は進軍して中越戦争が起きましたが、これらは旧来の冊《さく》封《ほう》意識が残存しているのかも知れません。近年、中国の学界で天下主義が強調されていますが、経済発展とともに中華意識が復興しているように感じています。

では、尖閣《せんかく》諸島はどうなのか。中国にとって尖閣諸島自体を領有することにはほとんど意味がありません。中国は今、潜水艦をつくり、新しく空母二隻をつくろうとしています。

太平洋に出てアメリカに対峙《たいじ》するための海路を確保したいわけです。ですから、中国が主張する航海の自由をどのように認めるかという問題だと思います。

また、習近平政権は基本的に、経済成長を続けなければ維持できません。年六〜七％の経済成長を続けていこうとするならば、日本とアメリカそれぞれとの間で経済的な紛争を起こすことは絶対に避けなければならないはずです。

こうしたことを踏まえますと、東アジアは一二〇年前の状況に戻ったのではないかと私は思っています。つまり、日清戦争以前の状況と今の状況はとてもよく似ています。日清戦争から五〇年ほど前、中国は現在のミャンマーにまで至る朝貢国をもつ大経済圏を形成していました。そして、今後中国がアメリカを抜いてＧＤＰ世界一になると予測されています。そのなかで、日本としても中国との経済的な関係を絶ってやっていけるのでしょうか。

日本はヨーロッパから見ると極東ですが、アメリカから見ると極西に位置しています。ですから日本は今後、その真ん中にあることの地政学的な条件を活かしながら、アメリカと中国のバランスをとるバランサーとしての役割を果たしていく必要があると思います。少子高齢社会を迎えて、軍事大国としてではなく、ミドルクラスの中間の国として、どのような外交的な役割を果たせるのか、それが試されていくでしょう。

戦後に首相を務めた政治家のなかでも、岸信介さんは満洲国、大平正芳さんは張家口、福田赳夫《たけお》さんは南京などで勤務した経験があり、中国についての認識もそれなりにありました。ところが今、残念なことに、日本の政治家の中には中国と自由に意見を交換できる政治家はほとんどいません。これが最も懸念されることです。中国とのパイプをどうやってつくっていくのか。日本が頼るべきは軍事力ではなく人材であるとすれば、その人材をどのように育てていくかということが最も大きな課題だと思います。

第六回　戦後日本の下半身　そして子どもが生まれなくなった

上野千鶴子

〔うえの・ちづこ〕

社会学者。専門は女性学、ジェンダー研究。一九四八年富山県生まれ。京都精華大学人文学部教授、東京大学大学院人文社会系研究科教授を経て、立命館大学特別招聘教授、東京大学名誉教授、認定NPO法人ウィメンズアクションネットワーク（WAN）理事長、日本学術会議連携会員。『おひとりさまの老後』『男おひとりさま道』（法研）、『ケアの社会学』（太田出版）、『ケアのカリスマたち』（亜紀書房）、『上野千鶴子の選憲論』（集英社新書）など著書多数。

（講義日　二〇一五年一一月九日）

モデレーター／姜尚中

【講演】

上野千鶴子でございます。最近、若い社会学者の水無田気流《みなしたきりう》さんと対談いたしまして、『非婚ですが、それが何か!?——結婚リスク時代を生きる』（ビジネス社、二〇一五年）という本を出しました。少子化の理由は婚姻率が低下しているからだといわれています。データを見ますと、たしかに婚姻率はどんどん下がりっ放しです。ただ、婚姻率とは人口全体に占めるその年度の結婚件数のことなので、結婚世代の人口が減れば婚姻率は当然減るのであまり当てになりません。ですから、別なトレンドで見ていくと、晩婚化と非婚化が少子化の原因ということになります。

晩婚化は平均初婚年齢のデータから明らかです。これは年々一貫して右肩上がりで高くなっていまして、一九五〇年の段階では男が二六歳、女が二三歳くらいでしたが、二〇一三年には男が三〇歳過ぎ、女が二九歳という状態で晩婚化が起きています。さらに晩婚化の果てに、いくつになっても結婚しない人が登場しました。非婚化です。生涯非婚率とは、五〇歳の時点で一度も婚姻経験のない人の割合で示されます。私もその一人です。国立社

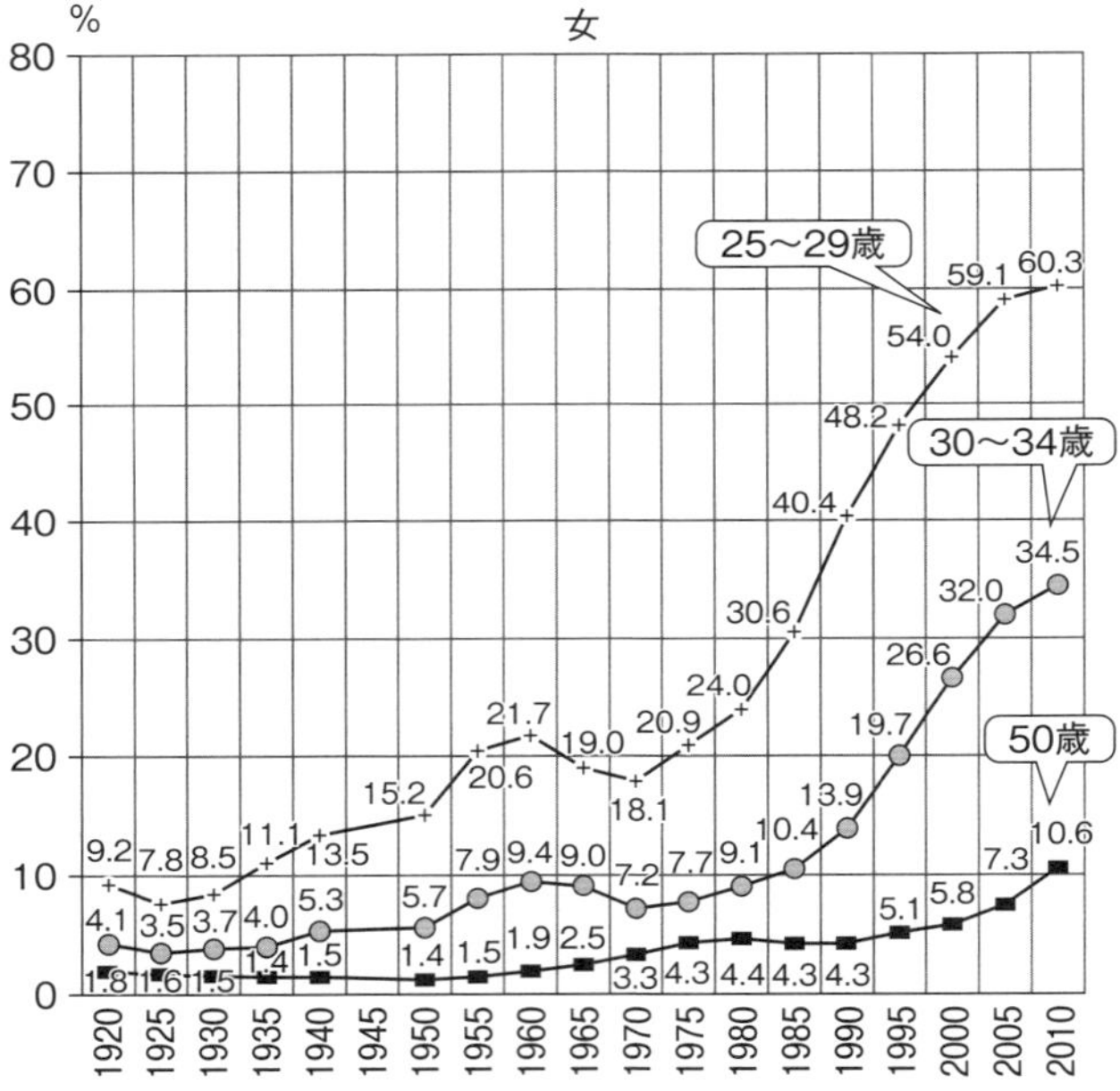

（注）配偶関係未詳を除く人口に占める構成比。50歳時の未婚率は「生涯未婚率」と呼ばれる（45〜49歳と50〜54歳未婚率の平均値）。

会保障・人口問題研究所や国勢調査のデータによりますと、二〇一〇年は男性の五人に一人、女性の一〇人に一人が生涯非婚者であると言われています（**図表1**）。通常、年齢別未婚率は年代が上がると同時にどんどん減っていきますが、世代が変わるとどうなるかというと、予測では、現在三〇代

図表1　年齢別未婚率の推移

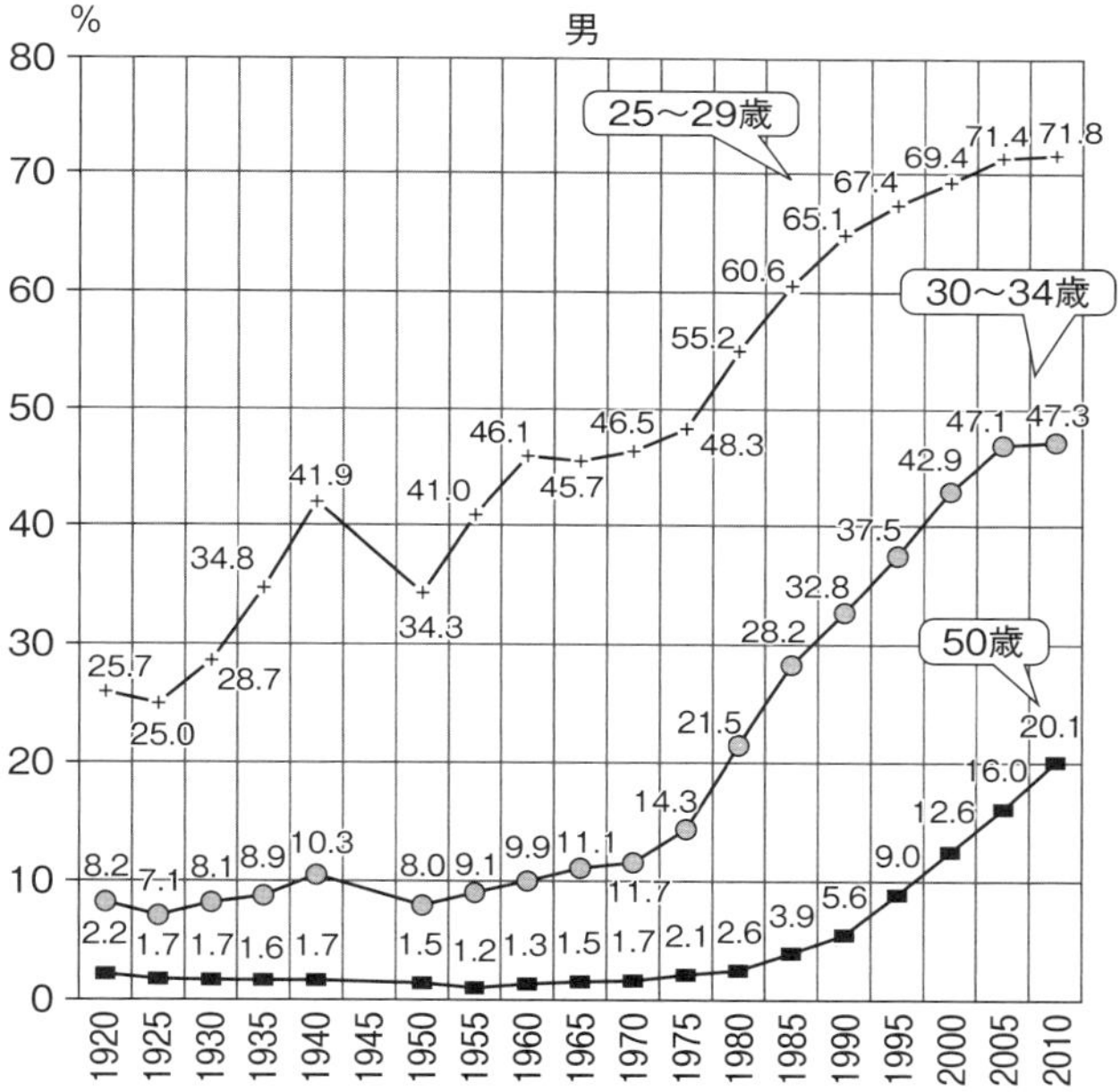

（資料）国勢調査（2005年以前「日本の長期統計系列」掲載）
社会実情データ図録（http://www2.ttcn.ne.jp/honkawa/）より

の男性が五〇代に到達したときに彼らの三人に一人、女性の五人に一人が生涯非婚者になるであろうと予想されています。

その結果、いやも応もなく出生率、女が一人当たり一生涯に産む子どもの数が低下し、人口減少社会が来ているという状態です。

今、安倍政権は希望出生率一・八を目

指すと言っていますが、すべての女性が一・八人産むということにはなりませんから、結婚した人だけが産むとして、仮に約八割の女性が結婚すると考えた場合には、既婚女性のすべてが二・二四人産まないと希望出生率は一・八になりません。一人で三人ぐらい産まないと達成できないので、こんなことは期待できません。希望出生率とは根拠のない妄想にすぎず、そんな妄想で政策を決められても困るんですね。

近代家族

今から二〇年前『近代家族の成立と終焉《しゅうえん》』（岩波書店、一九九四年）という本を書きました。この本のカバー写真にあるのは、パパ、ママ、それから二男一女です。ここにいないのがジジ、ババです。核家族には、ジジ、ババの居場所はなくなりました。その意味で象徴的な写真です。一九九四年に私がこの本を出したときに、日本には近代家族は成立さえしていないのに、もう終焉なんて気が早いと言われたものですが、その当時、既に近代家族終焉のありとあらゆる兆候が登場していました。

近代家族は近代的家族ではありません。近代家族と近代的家族とは似て非なるものです。近代的家族とは平等で民主主義的な家族ということになっていますが、そんな家族は日本にはありません。日本にヨーロッパの思想を持ち込んだ人たちは、日本には近代的家族というものはないが、ヨーロッパのどこかにはきっとあるだろうと思いました。ところが、ヨーロッパで近代家族論のパラダイム転換が起きて、過去どの時代のどの地域にも近代的家族などというものはなかったと、ヨーロッパ人自身が言い出しました。そのかわりに登場したのが近代家族という歴史概念です。それは近代という時代になってから登場した家族で、一定の特徴を持っている家族の現実に対して与えられた記述概念でした。

近代家族の特徴として、カナダの社会史家、エドワード・ショーターが三つの特徴を示しました。一つは夫婦中心性です。私たちは家族の結成を結婚に置き、家族の終焉を死別もしくは離別に置きますが、一昔前の家族にとっては、夫婦が離婚しても家族はびくともしませんでした。離婚したら後釜を持ってくればそれでいいだけです。たとえ夫が亡くなっても、兄弟逆縁婚といって、弟が兄の後釜に座ればすみます。仮に妻が早くに病死したら、不良品を送り込んだ責任を嫁を出した妻の実家がとって、姉の代役に妹を送り込むのが姉妹逆縁婚です。ですから、結婚や離婚や死別が家族の結成や解散に直接つながるということはありませんでした。夫婦が家族の絆《きずな》の中心になるのは、たいへん近代的なことなのです。

二つめは子ども中心性です。家族は何のためにあるかというと、子どもを産み育てるためにあります。これも極めて近代的なことです。昔いわれた「嫁して三年子なきは去る」は実はうそで、子どもが生まれなければよそから連れてくればすみます。前近代にも自然不妊率は一〇組に一組といわれますが、不妊治療がない代わり養子が多いのです。養子縁組を「子どもの再分配」とも言いますが、たくさんいるところから少ないところに連れてくればいい。たとえ妾《めかけ》に子どもを産ませても、正妻の地位は脅かされません。なぜなら結婚は家と家の盟約だからです。これに対して、近代家族は子どもを産み育てるためにつくられました。これを専業子どもの誕生と言います。まず専業子どもが登場したから、専業母親が登場しました。順番は逆ではありません。そして女性は、専業母親、すなわち育児・家事専従者になっていきました。

三つめは血縁の凝集性です。直系血縁で固まって傍系親族や非血縁者を排除しました。使用人がいなくなり、オジオバ、オイメイ、最後はジジ、ババもいなくなりました。

ここで少子化が起きます。近代家族は、子どもを大事に育てるためにあるのですが、子ども中心だからこそ、少なく生んで大事に育てるという少子化が進みました。気がつけばいつの間にか、法律ができたわけでも、誰が決めたわけでもないのに、夫婦に子ども二人という判で押したような核家族がそこら中にでき上がりました。そういう核家族化が進んでいった状態が近代家族の特徴だと言われています。

近代家族が近代的家族と考えられていたときには、家族は「愛の共同体」と思われていましたが、実際に家族の中に立ち入っていろいろな研究をやってみると、家族の中でとんでもない不条理や暴力が横行していたことが判明しました。家族は無法地帯です。夫が妻を殴ったり蹴ったりしても、これが路上であれば完全に犯罪ですが、家の中でやれば「痴話げんか」と呼ばれます。また、子どもの虐待にしても、まったくの暴力行為であっても、家庭内でやれば「しつけ」と呼ばれる。このようなことが起きていたのを、女性学の研究者たちが次々とばらしていったわけです。そのため、そういう研究をやった女性学の研究者たちは「家族破壊者」の汚名を着せられました。彼女たちは、家族が壊れているという事実をたんに暴いただけでした。

性革命――ロマンチックラブ・イデオロギーの崩壊

その近代家族を支える性規範がありました。これを恋愛結婚（ロマンチックラブ）イデオロギーと言います。簡単に言うと、愛と性と生殖が結婚の名のもとにおいて三位一体になることです。愛があるからセックスして、セックスしたら子どもが生まれて、それを結婚の中で一体化するというのが私たちの知っている近代家族というものですね。この規範が揺らぐことを性革命と言います。性革命は、一九七〇年代から先進工業諸国でおしなべて起きました。

性革命というと、すぐ「おお、スワッピングか」とか「フリーセックスか」などと言う人がいるんですが、そういうことではありません。性革命とは、近代家族を支えるロマンチックラブ・イデオロギー、つまり愛と性と生殖が結婚の名のもとで一体化するという三位一体が解体していくことを指します。すなわち、愛と生殖、愛と性、性と生殖との間の結びつきが解体していくことです。この三つが結婚のもとで一体化しているというのが近代家族のあるべき姿だったわけですが、この結びつきが崩れていきます。

一九七〇年代までは、欧米も日本もほぼ同じぐらい非常にセックスに保守的な社会でした。結婚までは処女でいるべしという規範があって、そのせいで「初夜」という言葉がありました。しかし今時の若者に初夜という言葉はもう通じず、「つき合っている」というとセックス込みが常識になっているぐらい、実は日本も既に性革命を経験していると言うことができます。そうして一九七〇年代以降、ロマンチックラブ・イデオロギーが解体していって、性のカジュアル化が進んでいきました。

フーコー『性の歴史』以後

現在、私たちは性革命以後の世界を生きています。性革命以前の近代のセクシュアリティ、近代の性の装置とは一体何だったかという歴史研究が進んでまいりました。ミシェル・フーコーが一九七六年に第一巻を出した『性の歴史』（全三巻、新潮社、一九八六〜八七年）は画期的な書物です。もしセックスが本能や自然であればそれに歴史があるわけがない。ところが歴史があるということはそれが変化するということですから、セクシュアリティとは文化と社会の産物であって、決して自然や本能ではないということを宣言したのがこの本です。フーコー以前の性研究は「性科学」と呼ばれますが、性科学の研究者はほとんどが産婦人科医とか動物学者などの自然科学者でした。「キンゼイ・レポート」という世界で最初のセックス・サーベイ（性行動調査）をやったキンゼイという人は、もともとハチの研究を専門とする動物学者でした。それが、フーコー以降、性の研究は人文社会科学の対象となり、このときからセックスを自然と本能の名のもとに語ることが禁句となりました。ものすごく大きなパラダイム転換が起きたんです。

フーコーはこの本で何を言ったのか。近代になってセクシュアリティに何が起きたかというと、以下の四つの「性の装置」ができたと言います。第一は、子どもを性から隔離して教育の対象にしていく、子どもに性欲はないと想定することです。一番目の敵にされたのはオナニーです。男の子がポケットに手を突っ込むだけで、手を出せと言われます。ポケットに手を突っ込んだ男の子は何をやっているかわからないという、極端なオナニー撲滅が始まります。オナニーをやると頭が悪くなるとか、性器の形が変わるとか、ありとあらゆる脅迫のもとにオナニー撲滅作戦が行われます。これが日本に入ってくるのが明治時代です。

第二に、女には性欲がないとされ、女性はセックスに対して無知だということにされました。その無知な女性が抑圧した性欲でコントロール不可能な発作を起こすのをヒステリーとされました。ヒステリーというのは「子宮の病」という意味です。

第三に、同性愛は精神病とみなされました。近代以前の同性愛は処罰の対象ですが、近代以降、同性愛は治療と矯正の対象になっていきます。精神病をどうやって治すかといったら、外科手術や電気ショックをやります。電気ショックというのは拷問みたいなものですから、それで患者がおとなしくなると、治療効果があったとされました。野蛮な時代ですね。同性愛が精神病のリストから外され、病気扱いされなくなるのは、ようやく一九七三年のことです（『精神障害の診断と統計マニュアルⅡ』第7版、アメリカ精神医学会、一九七四年）。

第四に、夫婦が子どもを産む装置、「産む機械」になっていきます。夫婦のセックスの質と量を人口学的に管理することが国策の対象になっていきます。だから子宮管理が国家の役割になるわけです。日本でもこの状況は続いています。刑法には明治期にできた堕胎罪が今日まで残っておりまして、いまだに廃止されていません。私はよく女子学生に言うんですが、「あんたの子宮、誰のものだと思ってる？　あんたのものじゃないよ、お国のものなんだよ、勝手に胎児を処分したら処罰されるんだから」と。その法律が今日でも生きているのですから、不思議なものですね。

日本における近代セクシュアリティ

日本はどうだったかというと、近代のセクシュアリティが入ってきた歴史が浅く、明治期以降わずか一二〇年ぐらいです。それ以前は前近代で、こんな性規範は全く関係ありませんでした。前近代には、女の子は初潮が来ると同時に娘宿の住人になります。それと同時に若者の夜這《よば》いを受けるので、ほぼ初潮と同時に処女でなくなります。そうなると童貞処女の結婚はあり得ません。こういうところには処女性の価値はありません。男女ともに婚前交渉をやって、その中で自分の気に入った相手を選ぶわけですが、ただ、全く自由な選択ではなく、性の共同体管理です。だからヨソ者と勝手にセックスするのは徹底的に統制されました。

『オナニーと日本人』（インタナル出版部、一九七六年）という、大日本帝国におけるマスターベーションの歴史について書いたすごい本があります。著者の木本至さんは、存命しておられます。この幻の名著と言われる本によると、前近代ではオナニーにタブーが一切なく、「センズリ」「かはつるみ」とかいろいろな呼称で呼ばれていました。それが明治期に入って「自瀆《じとく》」という訳語が登場します。「自分で自分をけがす」とは、すごい言葉です。明治期に、オナニー撲滅作戦が起きた後、大正期に入ってから、オナニーに対するネガティブな考えを変えようという啓蒙《けいもう》が起きて、訳語が「自慰」、すなわち「自ら慰む」に変わりました。大正期はセクソロジーが大変盛んだった時期で、このときに青柳有美《あおやぎゆうび》という人が「人工遂情」という言葉をつくりました。「みずから情を遂げる」とは、いい言葉ですね。彼は自著の中で、「マスターベーションすると気がはきはきして頭がすっきりする」

と書いています。

柳田國男『明治大正史 世相篇』の中に、「恋愛技術の消長」という章があります。恋愛も技術であり、それは学習して覚えるものだ。それを教えるのは若者宿、娘宿だったが、風紀を乱すというので文明開化の過程で明治政府が撲滅していきました。若者宿と娘宿に解散を命じて、代わりにつくったのが、ふざけた名前ですが、青年団と処女会です。混浴も立ち小便も禁止されました。そのようにしてセクシュアリティの近代化をしたのが明治政府です。

近代セクシュアリティの呪縛と崩壊

近代のセクシュアリティの中ででき上がった神話、すなわち、根拠のない思い込みの集合には、次のようなものがあります。

「女は同時に二人の男を愛せない」。こんなのはやってみたら簡単なことですよね。

「女は最初の男を忘れられない」。大概忘れています。

「男の性欲は女の性欲より強い」。この話を某大学でしたときに、男子学生が絶対にそうだと言うので、「じゃあ、エビデンスはある？」と聞きました。マスターベーションの頻度に男女差があるかどうか、調べたことがあるのかと。これはセックスサーベイにちゃんとデータがあります。男性のマスターベーションの頻度と、女性のマスターベーションの頻度は、データによると確かに違いがあり、男のほうが多い。ただし、マスターベーションに関しては大変おもしろい回答の傾向があって、男は過剰申告の傾向があり、女性は過少申告の傾向があるということがわかっています。件数はみな自己申告で、誰も観察しているわけではありませんので、そのような過剰申告と過少申告の落差であろうということです。性欲の男女格差も神話です。

こういう性についての思い込みが一旦でき上がった後で、再び壊れていきます。その壊れていく過程を性革命と呼んでいるのですが、ある社会が性革命を経験したかどうかを測定する二つの人口学的な指標があります。

一つは離婚率の上昇、つまり婚姻の安定性が崩れることです。もう一つは婚外子出生率の上昇。婚外子出生率は結婚外の性行動が活発化する、つまり結婚とセックスの結びつきが崩れる指標です。七〇年代以降、この二つが欧米先進国では急激な勢いで上がりました。今アメリカでは離婚率は二組に一組とされていて、結婚二〇年以上経過すると新聞ダネになるとまで言われます。婚外子出生率も、アメリカの新生児のうち婚外子の割合は二人に一人、フランスでは一〇人に六人まで増えました。ものすごい割合です。

では、日本はどうかというと、日本ではこの二つとも起きていません。離婚率はじわりと上がっていて、最近は三組に一組と言われていますが、婚姻件数が低下しているため母数が小さくなっている効果でしょう。それから婚外子出生率がほとんど上がっていません。この二つの人口学的指標の動きが極めて鈍い。ならば、日本という国は、家族制度が安定している社会で、性革命を経験していないと言えるかというと、そうではないというのが私の見解です。

日本で、この二つの人口学的指標に匹敵する機能的等価物となっているのは、非婚率と少子化による出生率の低下です。つまり、離婚するかわりに非婚を選ぶことで、離婚率の上昇を代替しているのです。私は非婚のことを「婚前離婚」と呼んでいます。結婚してから離婚するのは大変ですから、結婚する前に離婚状態になってしまうのが非婚化です。日本では離婚率は諸外国ほどドラスティックに上がりませんでしたが、代わって非婚率が上昇しました。

もう一つ、婚外子出生率は上がっていないが、だからといって婚外子の妊娠が起きていないかというと、決してそんなことはありません。最近未婚者の間で中絶率が上がってきています。結果として闇に葬られた子どもたちがいることを考えれば、日本における中絶率の上昇からくる出生率の低下は、諸外国における婚外子出生率の上昇の機能的な等価物になっているという見解です。

なぜ子どもが生まれないのか

では、なぜ子どもが生まれないのか。

出生率低下とは次の三つの要因の合成によってつくられます。一つは婚姻率低下、もう一つは婚姻内出生率低下、もう一つは婚姻外出生率低下です。

まず婚姻率低下。これは前にも述べたとおり晩婚化と非婚化によって起きていますが、かつて日本人の生涯非婚率がミニマムになった時期があります。一九六〇年代の後半に男性の累積婚姻率が九七%、女性の累積婚姻率が九八%に達した時代がありました。ほぼ一〇〇%に近いので、これを「全員結婚社会」と呼んでいます。猫も杓子《しゃくし》も結婚した時代、こんな不思議な時代はありません。

婚姻率が上がった理由は工業化です。つまり、親から財産分与をしてもらわなくても、すべての男が世帯を構えることができるようになったのです。これを別の言葉で言うと、男性の間の「女性の平等分配」、すなわちどんな男にも一人の女が当たるようになった、性の民主化が起きたと言われています。ところが現在その累積婚姻率がどんどん低下しています。しかし、前近代社会にも生涯非婚者は次男・三男坊を含めて常時ほぼ人口の二割はいたであろうと言われているので、またその状態に戻るだけだと思えば、猫も杓子も結婚したあの不思議な時代は一過性のものだったと言えます。ですから若い人を見ると「結婚しないの?」と挨拶《あいさつ》がわりに聞く人の頭の中は、六〇年代でフリーズドライしているということになるでしょう。

次の婚姻内出生率はどうかというと、これは一九五〇年代に生涯に四~五人産んでいたのが、生涯出生児数が二人になるまで、出生率が半減するいわゆる「人口転換」に、五〇年代のわずか一〇年間しかかかっていません。日本では出生率が急激に低下しました。国際的には、人口爆発が大問題だから抑制しなければいけないというのが人口問題で、日本みたいに増やせと言っているところは極めてレアです。日本は人口抑制にいかなる政治的な強制を伴うこともなく、国民一人一人の自発的な選択によって、わずか一〇年間で出生率の半減に成功した、人口転換の優等生の国なのです。

不思議なのは、日本では三つめの婚姻外出生率が高くならないことです。婚外子の出生

図表2　婚外子出生率国際比較

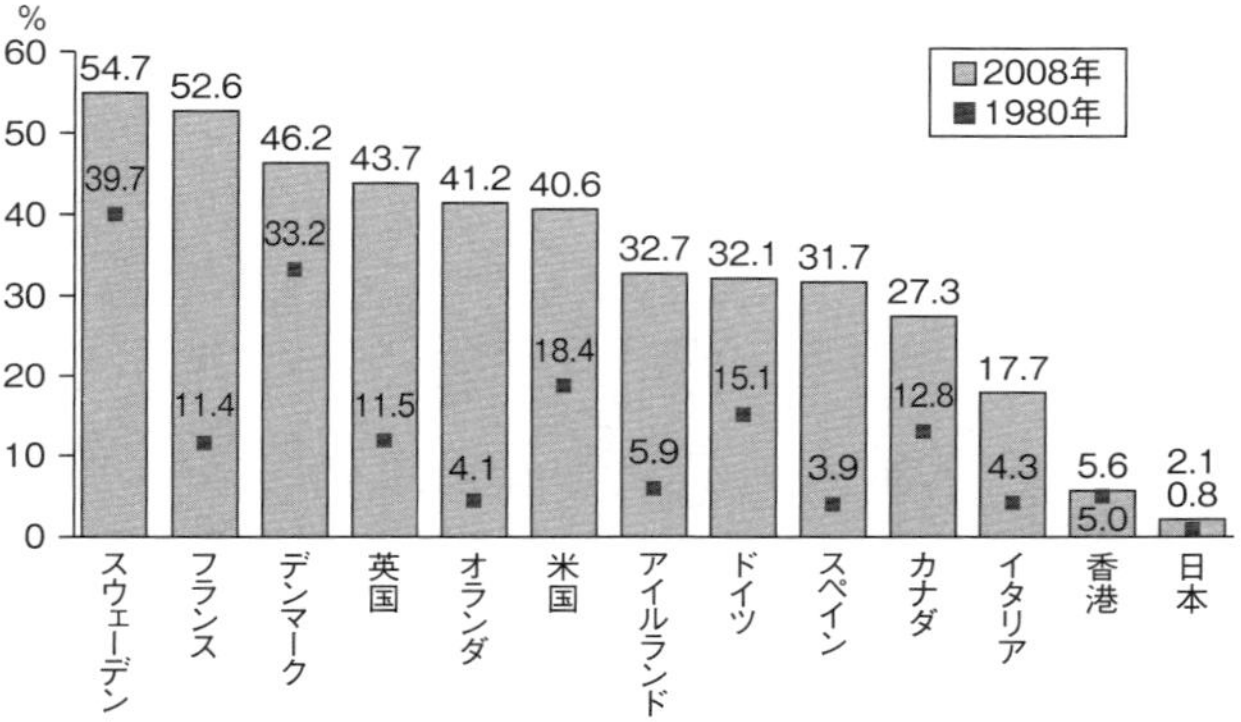

（注）未婚の母など結婚していない母親からの出生数が全出生数に占める割合である。ドイツ、香港の1980年はそれぞれ1991年、1990年のデータである。2008年について英国、アイルランドは2006年、カナダ、イタリアは 2007年、香港は1997年のデータである。
（資料）米国商務省、Statistical Abstract of the United States 2011（日本：厚労省「人口動態統計」、香港：Demographic Yearbook Special Issues 1999 Natality Statistics）
社会実情データ図録（http://www2.ttcn.ne.jp/honkawa/）より

率、出生に占める婚外子の寄与率（**図表2**）を比べてみますと、スウェーデン、フランスが非常に高く五〇％を超しています。デンマーク、イギリス、オランダが続いて、ドイツは三二・一％です。驚くべきことに、ローマ法王庁のお膝元《ひざもと》で離婚が禁止され、七〇年代まで避妊教育すら禁じられたイタリアでも、婚外子出生率が一七・七％になっているにもかかわらず、日本は今やっと二％を超えたくらいです。長い間一％以下と大変少なかったのが、最近ようやく増えてきた結果です。日本は、本当に信じられないぐらい婚外子の生まれない国であることで、諸外国と鋭い対照をなしています。

逆に、避妊と中絶に関しては、優生保護法指定医という制度もありまして、日本の中絶率統計は極めて信頼度が高い。日本の中絶は長い間既婚の中年女性、すなわち二子産んだ女性が三子め以降の子どもを中絶するというのが主流でした。中絶が避妊法の一種と捉《とら》えられてきた、つまり二子めの出産以降も、夫が避妊に協力しないという非常に野蛮な社会だったのです。一時期、日本の中年女性の中絶経験率はほぼ二人に一人というぐらい、高い割合の時期がありました。やがて避妊法が普及してきまして、既婚女性の中絶件数が低下してきたのと反対に、未婚女性、一〇代の女性の中絶率が一時期上がりましたが、今はそれも低下しています。やはり避妊法の知識が若い女性にも定着したのでしょう。

人口現象に効果的な政策介入方法はあるのか

人口現象とは、個々の男女が自発的な意思決定をした結果、その集積がマクロ現象を生み出すものです。一人一人の個人が何を考えてどういう決定をしているかは、あまりに多くのファクターが関与するのでよくわかりません。この人口現象に介入しようとした政権は多いですが、人口現象に政策的介入ができるかというと、歴史的な検証をしてみると、アメとムチのどちらも、ほとんど何の効果もないことがわかっています。

日本が人口を増やそうとしたのは第二次大戦の戦時下でした。「人口戦の英雄」などと言って、子どもを一〇人以上産んだ女の人が表彰されていた時代に、実は出生率は低下しています。もっとも、戦争でトウちゃんが出払っているわけですから、出征兵士の留守宅で妊娠してもらっちゃやばいですね。戦争が終わって海外在住の日本人五〇〇万人が日本に戻ってきて、日本中が飢餓に陥りました。今度は一転して、もう日本は海外植民地を失い、これ以上は養えないので、子どもを減らせと政府が躍起になっていたときに、逆に子どもが爆発的にふえました。戦争に負けて帰ってきたお父さんたちが仕込んだタネが、我われベビーブーマーです。

ですから、増やしたいときには増えず、減らしたいときには減らない。人口現象への政策的介入は、できない、効果がない、だからやらないほうがいいということになりますが、その中でも一番効果がないのはお金のばらまきです。例えば出産祝い金を一〇〇万円積もうが二〇〇万円積もうが、人は金のために子どもを産むわけではないことがわかっています。しかし、育児支援や女性政策、生まれてきた子どもに対する支援はぜひとも必要だということは言えます。

考えてみたら、明治維新のときの日本の人口は約三四〇〇万人でした。一世紀半の間に四倍にふえました。この異常な人口爆発期が約一世紀ばかり続いた後に、またなだらかに下がっていって、二一世紀の終わりに人口七〇〇〇万人程度になって、それでいいじゃないか。国民経済の規模は縮小しても人口一人当たりの富の配分が大きくなれば豊かな国だと言えるので、GDP小国になったっていいじゃないか、という考え方もあります。

できちゃった婚の増加と少子化

人口減少社会に入って、家族はどう変わっていったか。

一つは出産行動がかなり変わりました。できちゃった結婚、専門用語で言うと妊娠先行型結婚が現在は四人に一人ぐらいまでふえてきています。今、結婚の理由は親になること以外にほぼありません。セックスはどこでも調達できるので、セックスの相手を確保するための結婚の必要は全くない。できちゃった結婚の割合を毎年厚労省の社会保障・人口問題研究所が出しています。婚姻の届出の日付と、第一子の出生の日付との間の期間を逆算して計算しているわけですね。できちゃった結婚が増えているということは、一人めは比較的簡単に産んでくれるということです。結婚したカップルは一人は産むということは大体わかっています。日本ではＤＩＮＫｓ、子どもを産まないでカップルだけで暮らすという人は極めて例外的です。

少子化対策の壁は二人めを産んでくれるかどうかです。現在、少子化対策は日本のみならず諸外国もですが、二子以上の壁をいかに越すかというところに焦点があります。いろいろなデータがあるんですが、例えば妻の就労、学歴、それから家の大きさとかいろいろなファクターの中で説明変数として高いのが、「一子め出産後の夫の育児協力の有無」が二子めの出産の意思決定に非常に大きな影響があるという、当たり前のことがわかっています。

配偶行動としては、結婚願望はなくなっていません。日本のおひとりさま、非婚シングルには確信犯は極めて少なく、なし崩しシングル、「いい人いないわね」症候群と言いますが、今日も出会いがなかったわねと一日延ばしにしながら、いつの間にか晩婚化し、最後は非婚化する結果になった人たちがほとんどです。なぜ結婚しないかというと、男女ともに極めて結婚観が保守的で、男は妻子を養うものと考え、女は家事・育児をすべて背負うものと考えるからです。これは山田昌弘さんの研究ですが、結婚はソンだ、だからしない（『「家族」難民——生涯未婚率25％社会の衝撃』朝日新聞出版、二〇一四年）。なぜならば、男は金の自由を失い、女は時間の自由を失う。その結果、親のもとでパラサイトしているほうがよいという選択になります。それが結果として晩婚化、非婚化を生んでいるわけです。

育児行動については、子どもが生産財であったときには、子どもをたくさん産むほうがトクですが、今は、子どもに対して自分を養ってくれたり、家業を継いでくれたりという期待がないので、生産財から耐久消費財になりました。子どもという耐久消費財は人生のうちの二〇年ばかりを一緒に過ごしてくれる、楽しませてくれる、だからこの二〇年が三〇年になり、四〇年になればその分だけ耐久期間が延びるので、子どもができるだけ出ていってくれないほうがいい。私のところにも時々、「うちにもいるんですよ、三〇歳過ぎても出ていかない子が。どうしたらいいでしょう」って相談に来る親がいますが、そう言いながら口元から笑いがこぼれているので、出ていってほしくないということがあからさまにわかります。

もう一つはやはり育児負担の問題です。昔の親は肝っ玉母さんで、五人も六人も育てたもんだ、最近の親はたった一人や二人の子どもで音《ね》を上げるなんて、何をやっているんだと言われますが、これは大間違いです。五人も六人も子どもがいたら当たりも外れも両方あってよいが、たった一人しか子どもがいないと決して外れがあってはならない。決して失敗を許されない子育ての圧力は、今の少子化世代の親たちに、かつてない重圧感となってかかっています。それが多子時代の親たちにはわからないのでしょう。

育児を支えているのは世代間相互援助関係で、実態は妻方親族すなわち祖母力です。祖母力による育児支援はアジア型解決の一種ですが、超高齢化の中で、親の側でも介護期待が生じています。その中で起きているのは家族の多様化です。データを見ますと、いわゆる標準世帯、先ほど『近代家族の成立と終焉』でお示ししたような夫婦と未婚の子どもからなる家族が三割以下に減りました。それから三世代家族も今や少数派です。今、政府は三世代家族を優遇しようと思っているらしいですが、こんな時代錯誤の政策は無駄づかいというべきです。

核家族も三世代同居家族も減少し、のみならず、その中味が変わっています。今、核家族と言われているものは形式上は夫婦と未婚の子どもでも、高齢の親と四〇代、五〇代の非婚の息子や娘、という構成に変わってきています。そういう家族の多様化が起きている背後に階層分解があります。つまり、家族は今やメンテナンスコストの高くつく贅沢《ぜいたく》品になっているのです。このコストを払える人と払えない人との間の格差が拡大しています。

正規労働者と非正規労働者の婚姻率のデータを見ると、実に露骨に、非正規の男性はなかなか結婚できないということがわかります。

女の場合はどうでしょうか。家計経済研究所という政府の外郭団体が非常におもしろい研究をやりました。不況期の一〇年間、未婚の女性を追いかけて一〇年後にどうなっていたかという調査を実施したデータがあります。すると、正規雇用の女性のほうが非正規雇用の女性よりも一〇年経つとより結婚確率が高く、より出産確率が高いことがわかりました。不思議だとお思いでしょうか。

非正規雇用の女性たちのほうが将来の配偶者に求める期待水準が高く、「出会いがないわね」症候群で一日延ばしに結婚が遠のく可能性が高いのに対して、正規雇用の女性のほうが比較的早い時期に自分とほぼ同年齢の、自分と大して差のない男と早目に手を打っている。つまり早目に結婚している女性とは、自分の配偶者にあまり高い期待を持たずにすむ女性だということがわかります。それは、自分自身に安定した雇用と収入があるので、将来のキャリアプランも見込めれば、妊娠・出産という安定したライフプランも立てられるから、という非常に納得できる結果が出ています。

この結果から私たちはいかなる教訓を学べるでしょうか。今の政権は「女よ、家庭に引っこめ」とはもはや言わないネオリベラリズム政権です。女に働いてもらいたい、子どもも産んでもらいたい。それなら、女性に安定雇用を保障し、長時間労働をさせないという二つの方針さえちゃんと守れば、女性は結婚も出産もしてくれるということがこのデータからはわかります。ですが、今の政権は、それとは全く正反対の方向を向いています。

日本政府の的外れな少子化対策

今、政府が少子化対策で何をやっているかというと、とりあえず結婚さえしてくれたら子どもを産んでくれるだろうというので、結婚奨励をやっています。婚活とか出会いの場を自治体が税金でまかなって主催しています。税金でお見合いをするくらいなら、もう少しましなことに使ってほしいものです。

問題は、なぜ婚外子が日本で生まれないのかです。先ほど見たように、諸外国の出生率動向を見ると、出生率上位社会は婚外子寄与率が三分の一から半分以上に達します。日本でも婚外の性行動は非常に活発化しているのだから、婚外の妊娠も増えているはずです。中絶で闇に消えた子どもたちを無事に産んでもらえればいいじゃないかと思うのですが、そうはなりません。相続における婚外子差別規定が、最高裁で違憲判決が出てから、ようやくなったばかりです（最高裁大法廷判決二〇一三年九月四日）。しかもシングルマザー支援はわずかです。

政府の少子化対策の中で本当に不思議でしょうがないのは、婚姻外出生率の増大、つまりシングルマザー支援に当たる政策のメニューが全くないということです。婚外あるいは婚前の性行動が活発化している一方、二〇歳未満の中絶率が相対的に高いのに、シングルマザーや婚外子に対してむしろペナルティを与えることによって、それを抑制する方向に行っているのはなぜでしょう。

シングルマザーは働きたくても正規の仕事に就けず、非正規就労一つでは食えないのでダブルジョブ、トリプルジョブで、子どもとの時間を持てなくなっています。育児支援はどうかというと、生活保護のうち母子家庭給付を切り下げるという、逆のことばかり起きていて、子どもたちは貧困とネグレクトと学業成績不振に苦しんでいます。

日本の生活保護制度は、シングルマザーの家に成人男性の靴が脱いであるとそれだけでチェックの対象になるという、とんでもないプライバシー侵害をやっています。男がいれば生活保護打ち切り、なぜかというと女は男に養ってもらうものだという通念があるからです。シングルマザーがいかなる性関係を持とうが、そんなことは一切法律にも制度にも関係ないことでしょう。

そして日本で決定的に欠けているのが、離別シングルマザーの支援です。離別シングルマザーは増えていますが、別れた夫からの養育費は、取り決めがあっても支払いが継続しません。支払いの額がそもそも低いのに加えて、その継続期間が約半年から一年で終わってしまい、それ以上続きません。養育費の強制徴収を法制化すればいいんですが、こういう制度をつくる気が政府には全くありませんし、どこからも声が出ません。日本というのは本当に男に甘い社会で、男が逃げるのに寛大です。

スウェーデンやデンマークなどでは養育費の強制徴収をしています。結婚していなくても認知したことによって男性に養育義務が発生し、子どもが一八歳になるまで給料から天引きされます。これを支払わないとどうなるか。国が代わりにそのお金を立てかえますから、男が国家に対する債務者になります。これから逃げたいと思えば、無収入になるか国外に逃げるかしかありません。私の友人がスウェーデン人男性と結婚して、息子に性教育をしていましたが、ガールフレンドの「今日は安全日よ」という言葉を決して信じるなと言っていました。一発やって子どもができて認知したら、一八年間債務者になる。高くつきますね。

養育費は男性の私的負担によるものですが、私的負担によらなくても、公的なシングルマザー支援があればいいのです。日本の政府がこれをやらない限り、私は政府の少子化対策が本気だとは信じないことにしています。シングルマザー支援を行えば、子どもを産んでくれる人たちはきっといるでしょう。実際、子どもがいることは離婚の抑止力にならず、子どもが小さいことも離婚の抑止力になっていません。離別シングルマザーたちが増える一方、晩婚化、非婚化する社会の中で、夫は要らないが母親になりたい女性たちも確実にいます。この人たちを支援することを考えないのは、私には理解できません。

女が一人でも安心して子どもを産み育てることのできる社会の実現

女が一人でも安心して子どもを産み育てることのできる社会をつくれば、子どもは必ず生まれてくれる。今から四〇年以上前にウーマンリブが登場しましたが、日本のウーマンリブが子どもを産むことを拒否したことはただの一度もありません。「産める社会を、産みたい社会を」と、それこそ半世紀近く言ってきたにもかかわらず、少子化を座視して何一つ手を打ってこなかったのは政府です。今ごろ慌てふためいて勘違いなことをやっているというのが現状です。

私はアメリカのフェミニスト法学者マーサ・ファインマンの『家族、積みすぎた方舟《はこぶね》』（学陽書房、二〇〇三年）を邦訳しました。家族という方舟は何を積んでいたかというと、育児・介護の私事化、すなわち核家族の中で女一人が育児・介護負担を全面的に背負いました。家族が機能不全だとか、家族が解体したと言われますが、家族の危機は昨日今日始まったわけではなく、近代家族が成立したときから既に座礁が運命づけられていたということです。そこでファインマンさんは、法的制度としての婚姻を廃止せよという提案をしています。つまり婚姻を一々届け出て、それを法の保護の対象にすることをやめろ、と言っています。

そう言ったためにファインマンさんは「フリーセックスを支持するのか」と道徳保守派からたたかれました。彼女はそれにどう答えたかというと、「いいえ、私はフリーセックスを支持するわけではありません。一夫一婦制は、どうぞ趣味としてやってください」と答えました。一夫一婦制を好きな人はやればいいし、そうでない人はやらなければいい。ただそれを法的な保護の対象にする必要はないと。

では、一体何を法の保護の対象にするか。依存的な存在を抱えた親子という関係を法の保護の対象にすることです。これを「ケアの絆」と言うのですが、これに非常にリアリティがあるのは、アメリカでは性の絆の耐用期間が短いからです。一生涯に何度も離婚、再婚、再々婚を繰り返すので、耐用年数の非常に短い性の絆に依拠するよりも、少なくとも数十年にわたる持続性と安定性のあるケアの関係を基盤とする制度に変えたほうがいい、と主張しているわけですから、大変リアルな提案と言えます。

少子化対策としてシングルマザー支援が行われない理由を一生懸命考えてみると、私にはたった一つしか理由が思い当たりません。それは何かというと、オレの目の届かないところで女に勝手はさせない、つまり婚姻制度のもとでしか、男に所属した女にしか、子どもを産み育てることを許さないという態度です。これを私たちは家父長制と呼びます。そういう男の沽券《こけん》というか、男の権力を維持したいという動機しか思い当たらない。だから現実的な少子化対策にはなっていないのです。

妄想政策が取られる限り少子化は止まらない

結論として申し上げたいことは、もう少子化はどのようにしても覆らない。政策的介入はほぼ効果がない。だとしたら、少子化を前提とした社会政策をつくるしかない。しかも家族の規模がどんどん小さくなっていって世帯分離が進行していく、これもやっぱりとどめようがない。だとしたら、基本、「おひとりさま仕様」の制度設計をするしかないということです。

国民経済とは人口規模で決まるわけですが、人口規模ではかられるような成長はもはや望めません。したがって、それに変わるシナリオ、成熟社会のビジョンを提示するしかないと思います。その中で格差拡大よりは、むしろ所得とリスクを再分配することによって、できるだけ格差の少ない社会をつくっていくのがゼロ成長時代の成熟社会のシナリオです。こちらの方向に行くしかないと良心的な社会科学者たち……経済学者、社会政策学者、社会学者、政治学者等々は、もう何年も前、人口減少がはっきり目に見え始めた二〇年ぐらい前から言っていますが、今でも成長の夢から覚めない人たちが、完全に勘違いの「新三本の矢」とか言っています。「新三本の矢」にエビデンスは全くありません。エビデンスがないものを「妄想」と言います。妄想のもとで政策を出しているのです。

かつての成長経済を支えた人口増加期と、今は人口学的な構成と国際環境が全く変わっているにもかかわらず、過去のシナリオをそのままもう一度再現しようと考える。こんな妄想政権に国の運営を委ねているのは、皆さん方ご自身でいらっしゃいます。

【Q&A】

姜　上野さんのエビデンスのあるお話で、皆さんも今の日本の政策的な方向が全く真逆に向いていることがよくわかったと思います。

今、シングルマザーはどのくらいいるのか、統計が出ているのですか。

上野　厚生労働省の二〇一一年の調査で一二三万八〇〇〇世帯だそうです。シングルマザーが多いのは、離婚に対するスティグマが強いかどうかとも関係していまして、離婚率が最も高い都道府県は沖縄と北海道が双璧だと言われています。その理由は全く逆で、北海道は親族ネットワークが極めて弱いために離婚に対するスティグマがない、つまり離婚を抑止する圧力がない。一方、沖縄は親族ネットワーク、特に母系型の親族ネットワークが極めて強いために、離婚しても生きていけるからです。

ところで、婚外子に関して、地方自治体レベルでシングルマザー支援に序列があるんです。死別シングルマザーがトップ、離別が二番目、非婚シングルマザーが最下位。こんな露骨な差別をやったのは福岡県です。母子家庭の公営住宅への入居は優先されていますが、その優先基準の中から非婚シングルマザーを排除しました。これは自治体が、非婚で子どもを産んだ女性に対してペナルティを与えていることに他なりません。頭下げてでも産んでもらいたいのに、ペナルティを与えているんですから、全く逆ですよね。

Q　講義の中で、婚外子の相続差別に関して、最高裁の違憲判決によって民法が変わったことへの指摘がありましたが、次に選択式別姓と再婚禁止期間に関して最高裁の判決が予定されています（二〇一五年一二月一六日判決　＊1、＊2）。政治が動かない場合に、最後に残る司法というものに期待をしていいのでしょうか。

上野　いい質問だと思います。行政、立法、司法のうちで、今、時代の変化に一番敏感なのは司法ではないでしょうか。一番保守的なのが行政で、立法は不作為ですね。最高裁で違憲判決が出てから、ようやく重い腰を上げるという状態ですから。

ただし、じゃあ司法で判決が出たら、それに政策的な効果があるのか。司法判断によって、仮に夫婦別姓選択制や再婚期間のジェンダー差別の廃止、あるいは婚外子差別の廃止があったからといって、婚姻件数がふえたり、出生率が上がったりという効果はほぼ期待できません。司法は後から判断するだけで、自ら政策をつくり出すわけではないですからね。でも、せめて司法には期待しないといけない。司法は人権の最後の砦《とりで》ですからね。そして最後の砦に期待せざるを得ないぐらい、私たちは劣悪な行政府と立法府を持っているということなのです。

＊1　結婚した夫婦の姓をどちらかに合わせる「夫婦同姓」を定めた民法の規定は憲法違反だとして、東京都内の事実婚の夫婦ら5人が国に損害賠償を求めた訴訟の上告審判決で、最高裁大法廷（裁判長・寺田逸郎長官）は16日、この規定は「憲法に違反しない」と判断し、請求を退けた。裁判官15人中10人の多数意見。

＊2　「離婚した女性は6カ月間再婚できない」とする民法の規定は憲法違反だとして、岡山県に住む30代女性が国に損害賠償を求めた訴訟の上告審判決で、最高裁大法廷（裁判長・寺田逸郎長官）は16日、この規定の100日を超える部分は「憲法違反」とする初判断を示した。国への賠償請求は退けた。

（＊1、2とも「朝日新聞」二〇一五年一二月一六日付より）

第七回　この国の財政・経済のこれから

河村小百合

〔かわむら・さゆり〕

株式会社日本総合研究所調査部上席主任研究員。一九八八年京都大学法学部卒業後、日本銀行入行。一九九一年株式会社日本総合研究所入社（調査部）。二〇〇一年主任研究員。二〇一四年より上席主任研究員。内閣官房行政改革推進会議民間議員、同歳出改革ワーキンググループ座長代理、国税庁国税審議会委員、厚生労働省社会保障審議会委員、住宅金融支援機構事業運営審議委員会委員などを歴任。著書に『欧州中央銀行の金融政策』。

（講義日　二〇一五年一一月二四日）

モデレーター／一色　清

※本章の内容は、二〇一五年一一月二四日に行われた河村氏の講演をまとめたものです。その後の財政・金融政策の展開や国内外の情勢変化などは、反映されておりません。

一九八〇年以降の日本経済を振り返る

日本総合研究所の河村と申します。今回のテーマは「この国の財政・経済のこれから」というものですが、まずこれまでのわが国の経済と政策運営の歩みを振り返り、今何が問題なのか、そして今後この国がとるべき道筋について、海外との比較も交えつつ、大真面目に考えていきたいと思います。

図表1は、一九八一年以降の日本経済の足取りを示したものです。一九八〇年代までは高度成長期の名残もあり、総じて前年比一桁《けた》台後半の高い経済成長を達成していました。日経平均株価が三万円を超えたのも、この頃です。しかし一九八九年末から一九九〇年のバブル崩壊をきっかけに地価も株価も大幅に下落、金融機関は大変な苦境に陥り、これがすべての発端となって、日本経済は長期停滞に陥っていきます。二〇〇〇年代前半にやや持ち直したものの、二〇〇八年のリーマン・ショック、そして不運なことに二〇一一年の東日本大震災によって日本経済は大きな打撃を受け、現在に至るわけです。

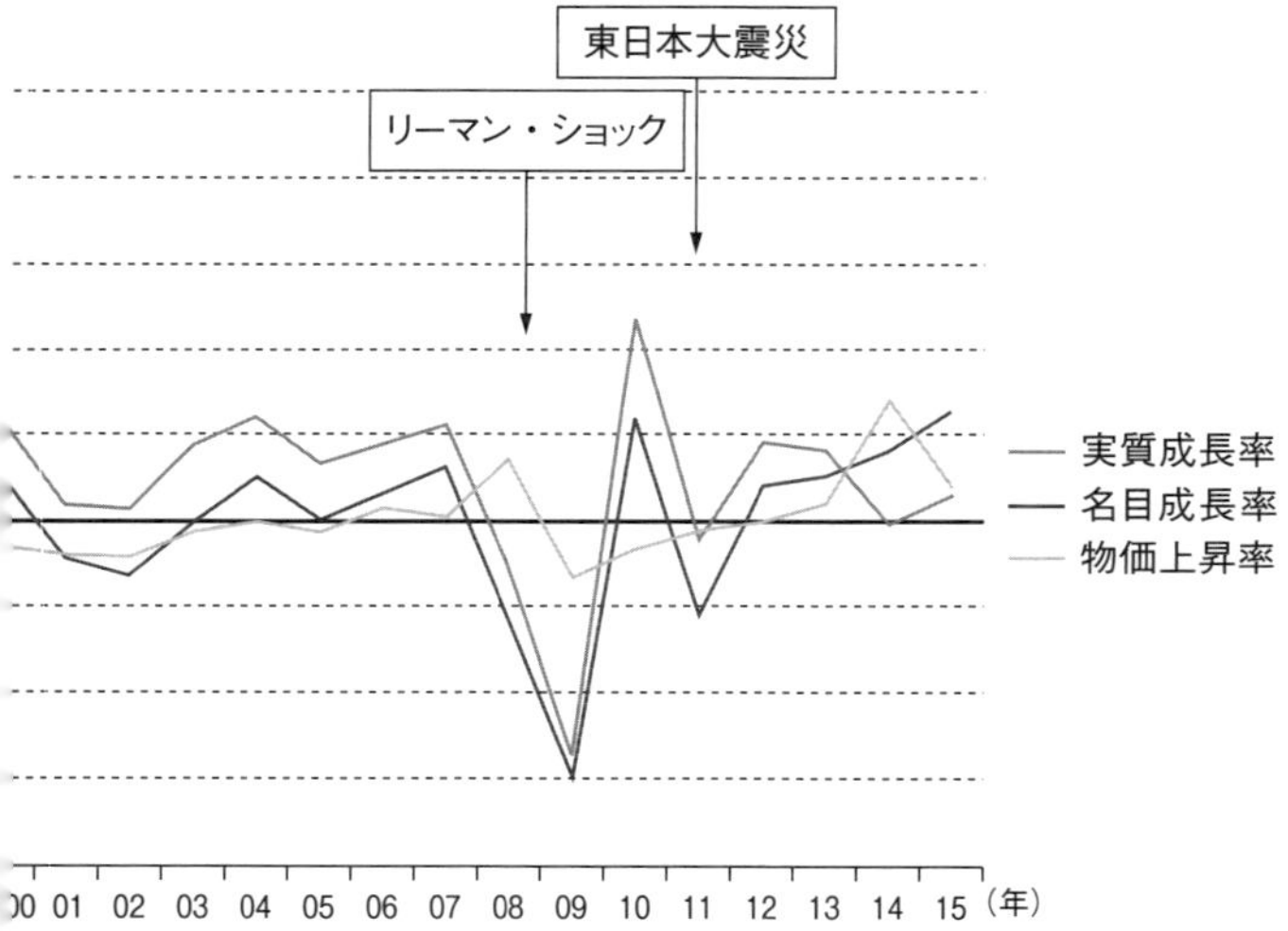

は河村）。

次に、**図表2**で日本の財政運営の足取りを見ていきたいと思います。政府の債務残高規模は今、名目GDP比の約二五〇％、つまり二・五倍ぐらいあるのですが、こんなに膨大な借金を抱えている国はほかにありません。**図表3**はほかの主要先進国と比較したものになりますが、唯一、深刻な財政危機に陥っているギリシャが二〇〇％を少々下回る位置で、アイルランドやイタリアなどほかの欧州の重債務国でさえ、債務残高規模の伸びは最近では頭打ち傾向です。

日本の借金はそれほど突出して

図表１　日本経済の足取り

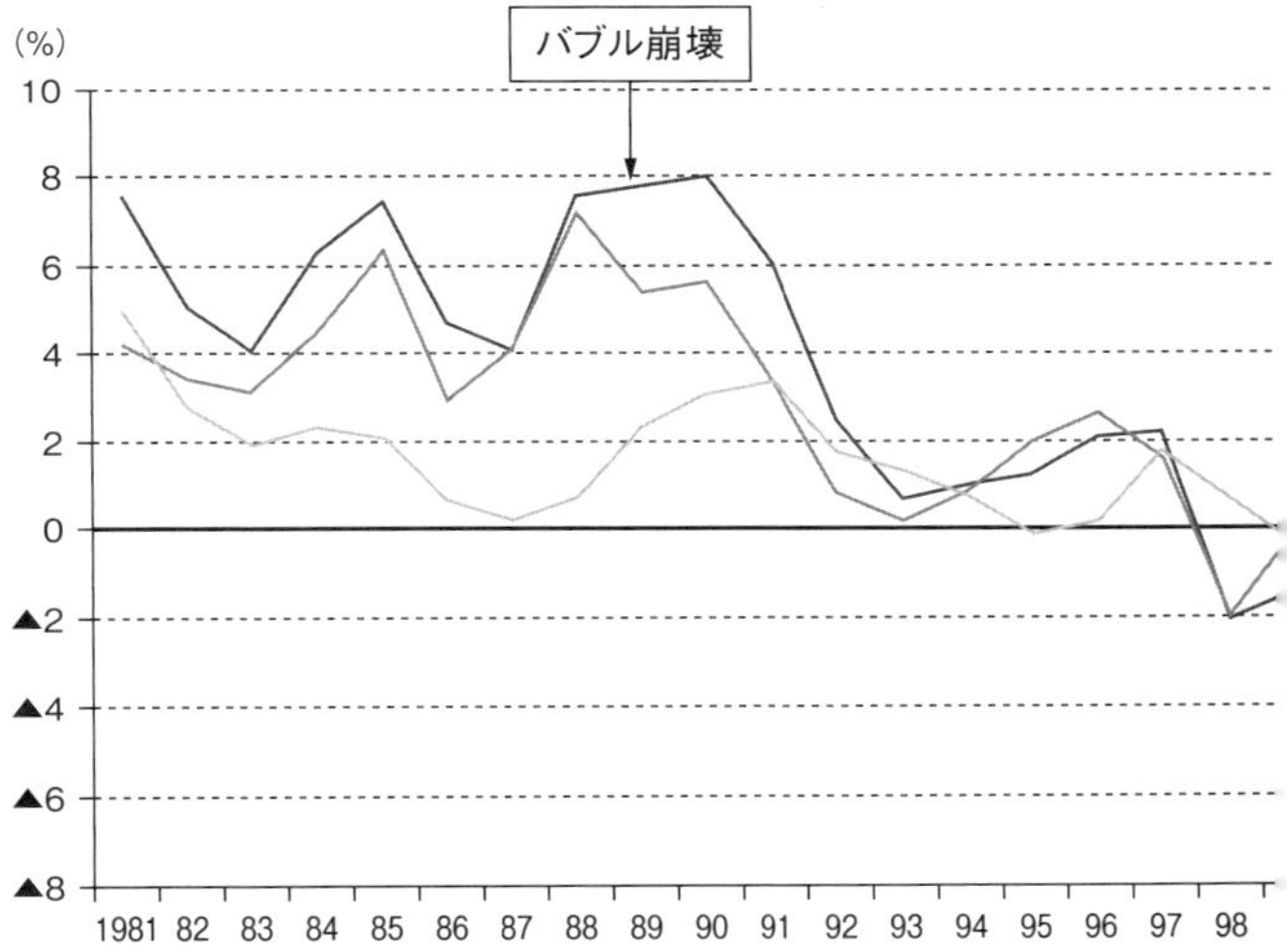

（資料）IMF, World Economic Outlook Database, October 2015をもとに作成（以下すべて
（注）2014年以降は2015年10月時点におけるIMFによる見込み。

いるのですが、さらに言えば、ＩＭＦによる見込みでも、政府が目標としている二〇二〇年の「プライマリー・バランス黒字化」の目《め》処《ど》は全く立っていません。実際にその目標では、きちんと財政再建するうえでは全く十分ではないばかりか、政府債務残高規模の増加傾向にも依然歯止めがかかっていないのが現状です。

　しかし、そんな日本も一九八〇年代の財政運営は「優等生」でした。政府債務残高規模は五〇〜六〇%台でしたし、八〇年代後半にはプライマリー・バランスのみな

)推移（名目GDP比）

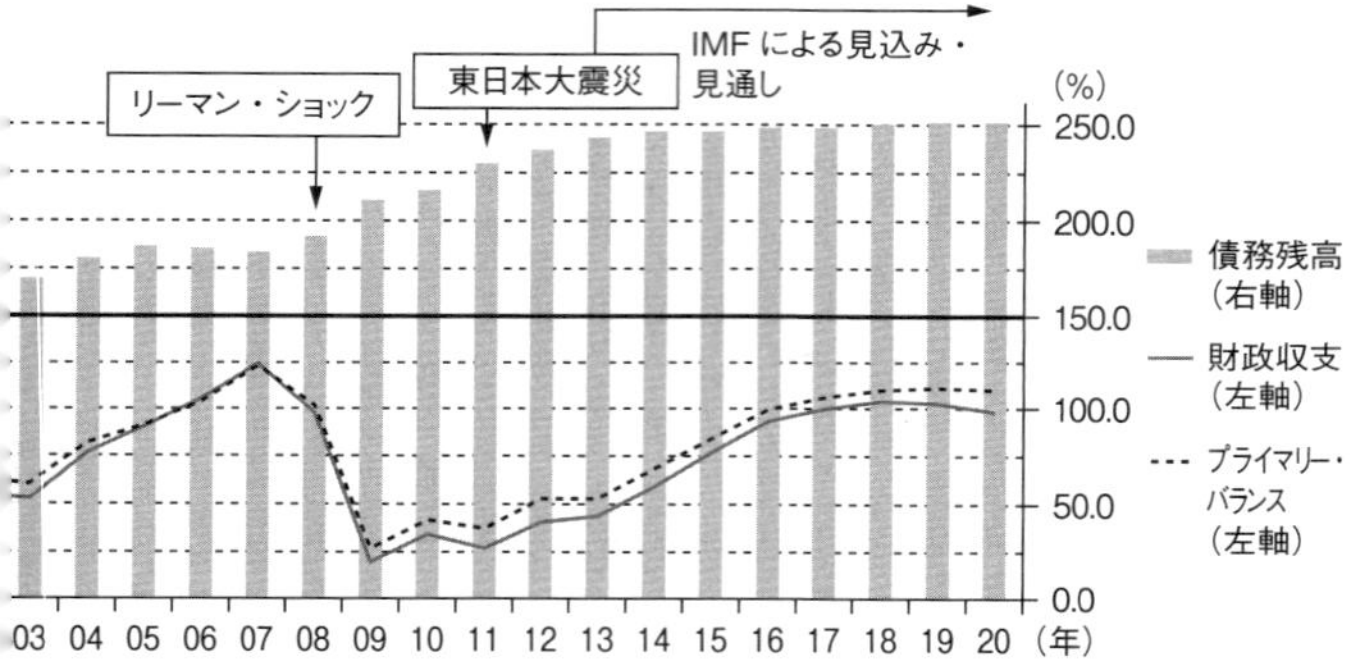

らず財政収支も黒字と、非常に健全な状態だったのです。ところがバブル崩壊を受け、この両収支とも赤字に転落してしまいます。その後、二〇〇〇年代後半にいわゆる「小泉構造改革」を受け好転しましたが、リーマン・ショックと東日本大震災で赤字幅は急拡大、第二次安倍政権誕生後の二〇一三年以降にやや改善がみられるという状況です。

データからわかる「異次元緩和」の実態

金融政策の話がからむと少し難しくなるかもしれませんが、八〇年代末のバブル崩壊以降、日銀は政策金利を大幅に引き下げ、九〇年代末、金利水準は諸外国も含めて前代未聞の「ゼロ%」になりました（**図表4**）。

図表2　日本の政府債務残高とプライマリー・バランス、財政収支

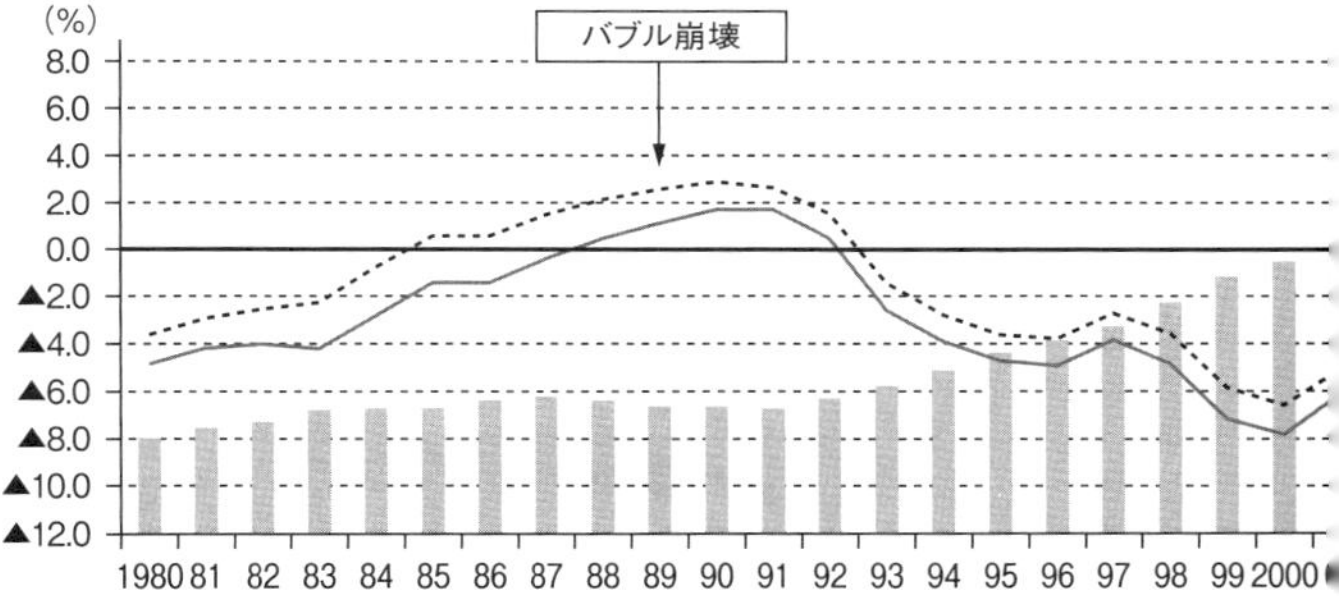

（資料）IMF, World Economic Outlook Database, October 2015をもとに作成。
（注）2013年以降は2015年10月時点におけるIMFによる実績見込みおよび見通し。

九〇年代後半以降の長期停滞の局面に対し、普通であれば政策金利の引き下げで対応するのですが、「ゼロ%」になってしまって、もはやさらなる金利引き下げの余地がなくなってしまったため、日銀は二〇〇一年、国債などを大量に買い入れる「量的緩和政策」を始めます。これは世界で初めての試みで、民間銀行から国債を大量に買い入れ、金利がこれ以上下がらなくても、マネタリーベースを増やし、お金を世の中に回そうとすることで景気改善を目指すものでした。しかし、量的緩和を五年続けても景気の基調は顕著には改善されず、デフレ状態の長期化から抜け出すことができなかったうえ、リーマン・ショックや東日本大震災がこれに追い打ちをかけます。

推移

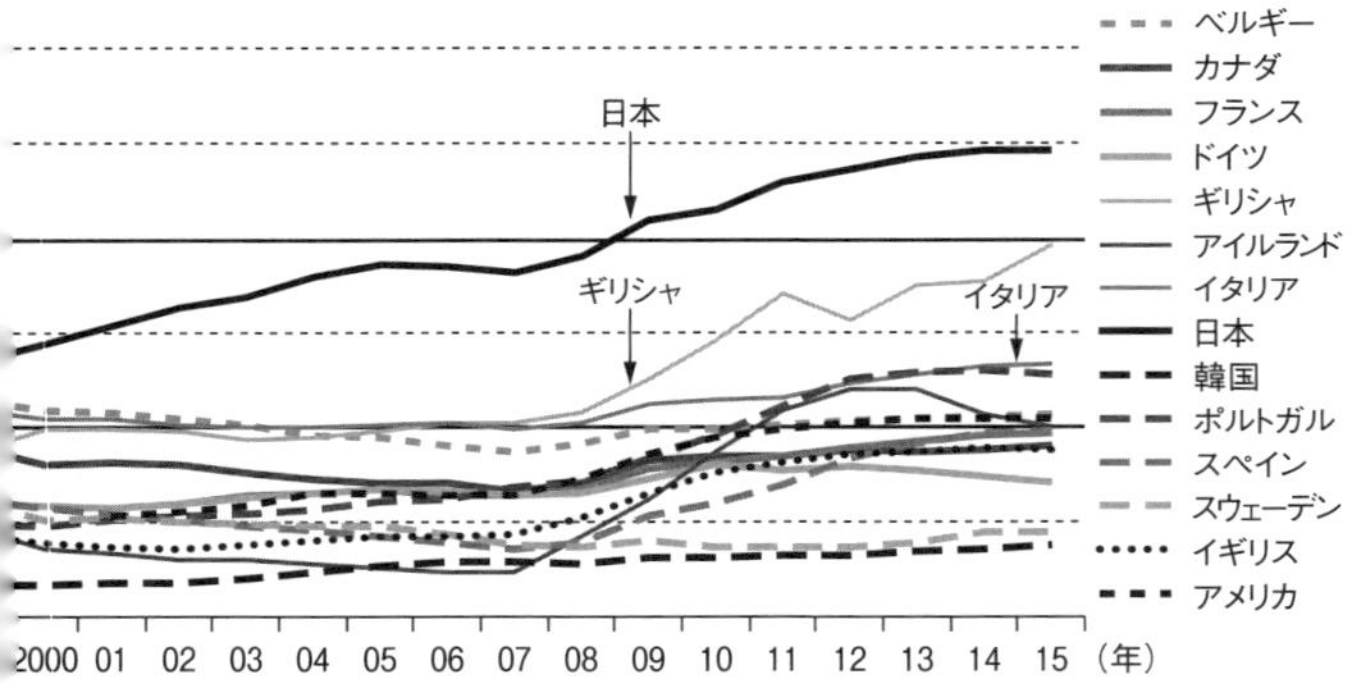

図表5を見ていただくと、量的緩和を行ったことによってマネタリーベースは大幅に増えたものの、経済学の教科書通りであればマネタリーベースと同等かそれ以上に（「信用乗数」倍のペースで）上がるはずのマネーサプライ（M2+CD）が上がらなかったのは明らかです。さらに、消費者物価も、マネタリーベースの増え方と同じだけ増えているか、というと、全く上がっていないことがわかります。

第二次安倍政権の下、二〇一三年に黒田東彦《はるひこ》総裁が就任してから、日銀は政府とともに「二年で二％」の物価目標を掲げ、デフレからの脱却を目指して、前代未聞の規模で国債などを買い入れる「量的・質的金

図表3　先進各国の1980年代以降の政府債務残高規模（名目GDP比

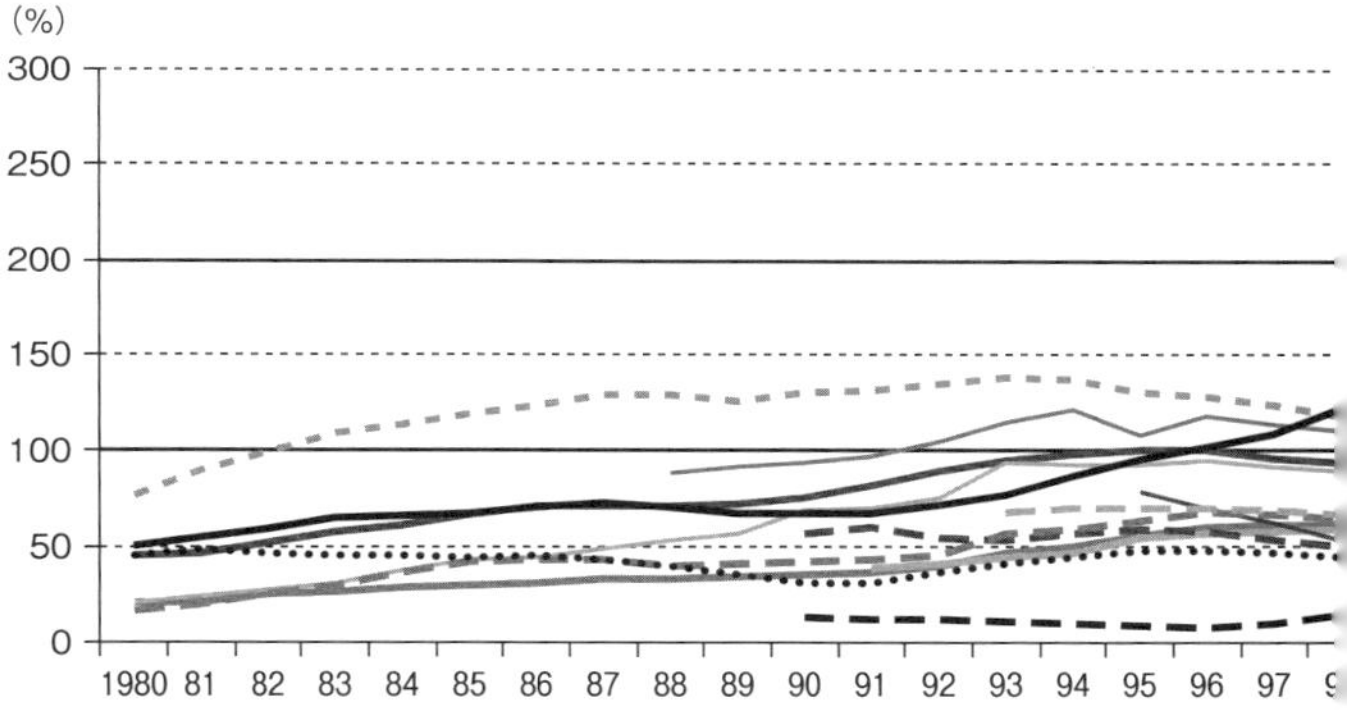

（資料）IMF, World Economic Outlook Database, October 2015をもとに作成。
（注）2014年以降は2015年10月時点におけるIMFによる見込み。

融緩和政策」（通称「異次元緩和」、ＱＱＥ）を実施します。日銀の公式見解は「量的・質的金融緩和」は「所期の効果を発揮している」というものですが、図表５で各指標を客観的に見れば、その実態は明らかです。

異次元緩和を始めて二年半以上経ちましたが（講演時）、消費者物価の伸びは前年比ゼロ％（二〇一五年九月）で、「二％」という目標は全く達成できていません。確かに、消費者物価指数の前年比がグッと上がった時期もあるのですが、これは消費税増税分でゲタをはいた数字です。円安などほかの事情も影響はしていますが、そのゲタが取れたらまた落ちて、結局、異次元緩和スタート時と同じくらいになってしまった

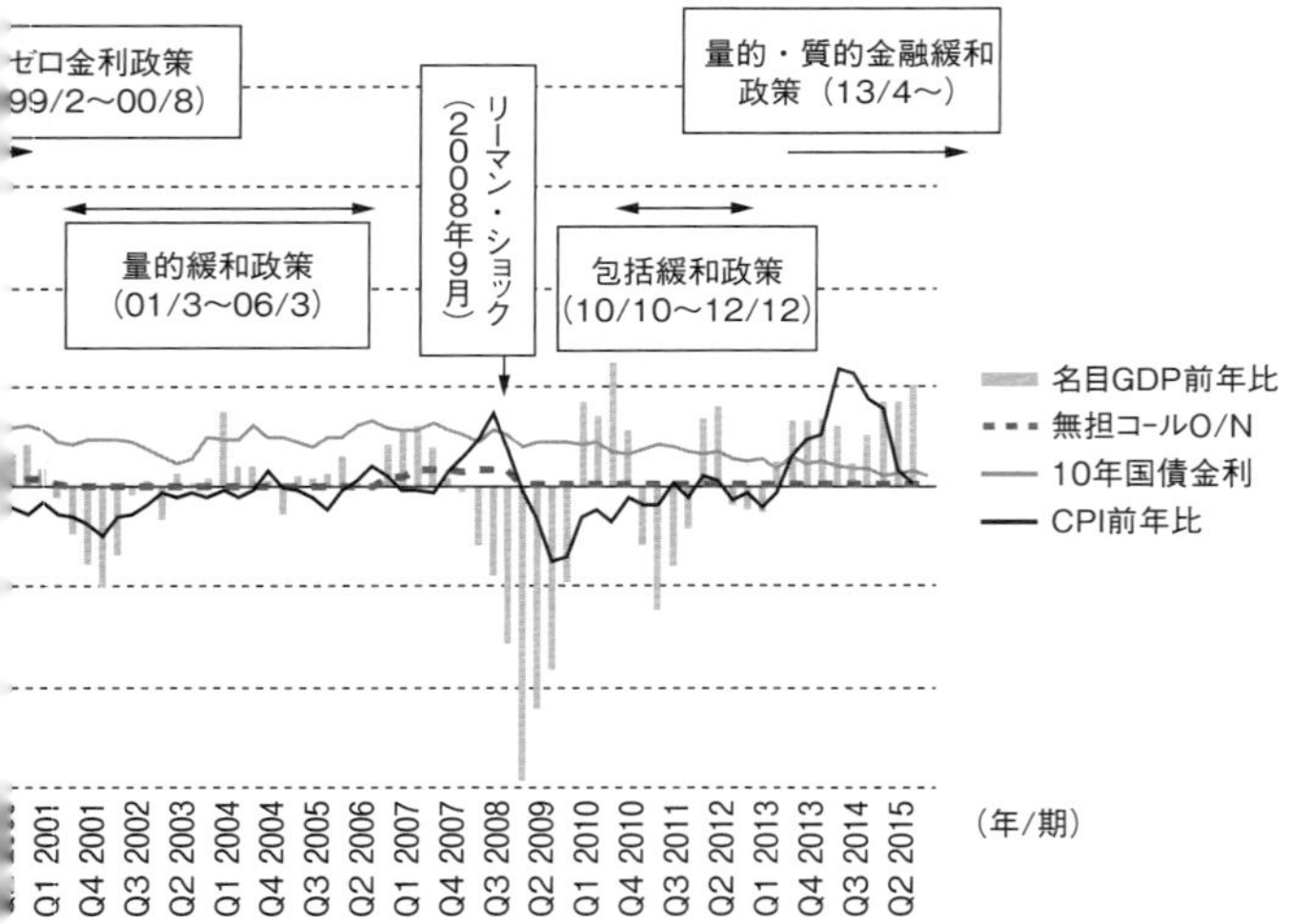

というのが現状だと思います。

日銀は事実上「財政ファイナンス」をしている

異次元緩和は、今後の日本の財政と経済の行方に非常に大きな影響を及ぼすことになるでしょう。この政策を始めた当時、黒田総裁は「日本がデフレを脱却できないのは、日銀の金融緩和が足りないからだ」と盛んに発言して、年間五〇兆円というペースで国債を買い始め、それが今や年間八〇兆円のペースにまで達しています。これでは、

図表4　日本の経済情勢と日本銀行の金融政策運営の推移

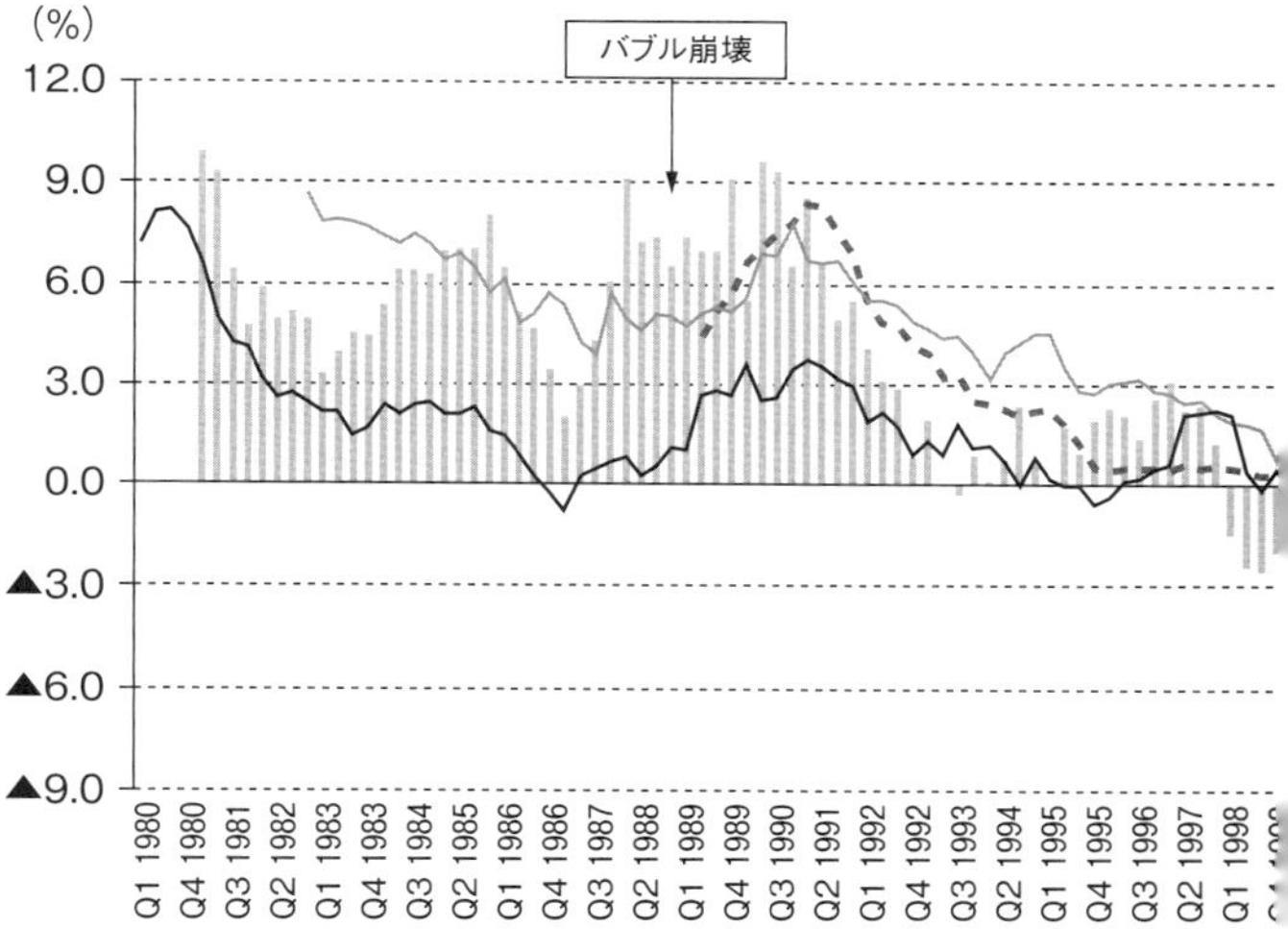

（資料）Datastreamをもとに作成。
（原資料）日本銀行、総務省統計局、内閣府。
（注）CPI前年比には消費税率引き上げの影響を含み、2015年第2四半期は4月値。

足りなかった分を増やすどころか、やりたい放題です。

日銀はデフレ脱却のために国債を買っていると言っていますが、やっていることはほとんど「財政ファイナンス」です。財政ファイナンスとは、中央銀行が政府から国債を直接引き受けることで、歴史的経験から、財政ファイナンスをやってはいけない、というのが世界の各国共通の常識になっています。国が発行する国債を中央銀行が買って政府にお金を供給すれば、政府は自分の国の景気がよくなり、

00)と消費者物価指数前年比の推移

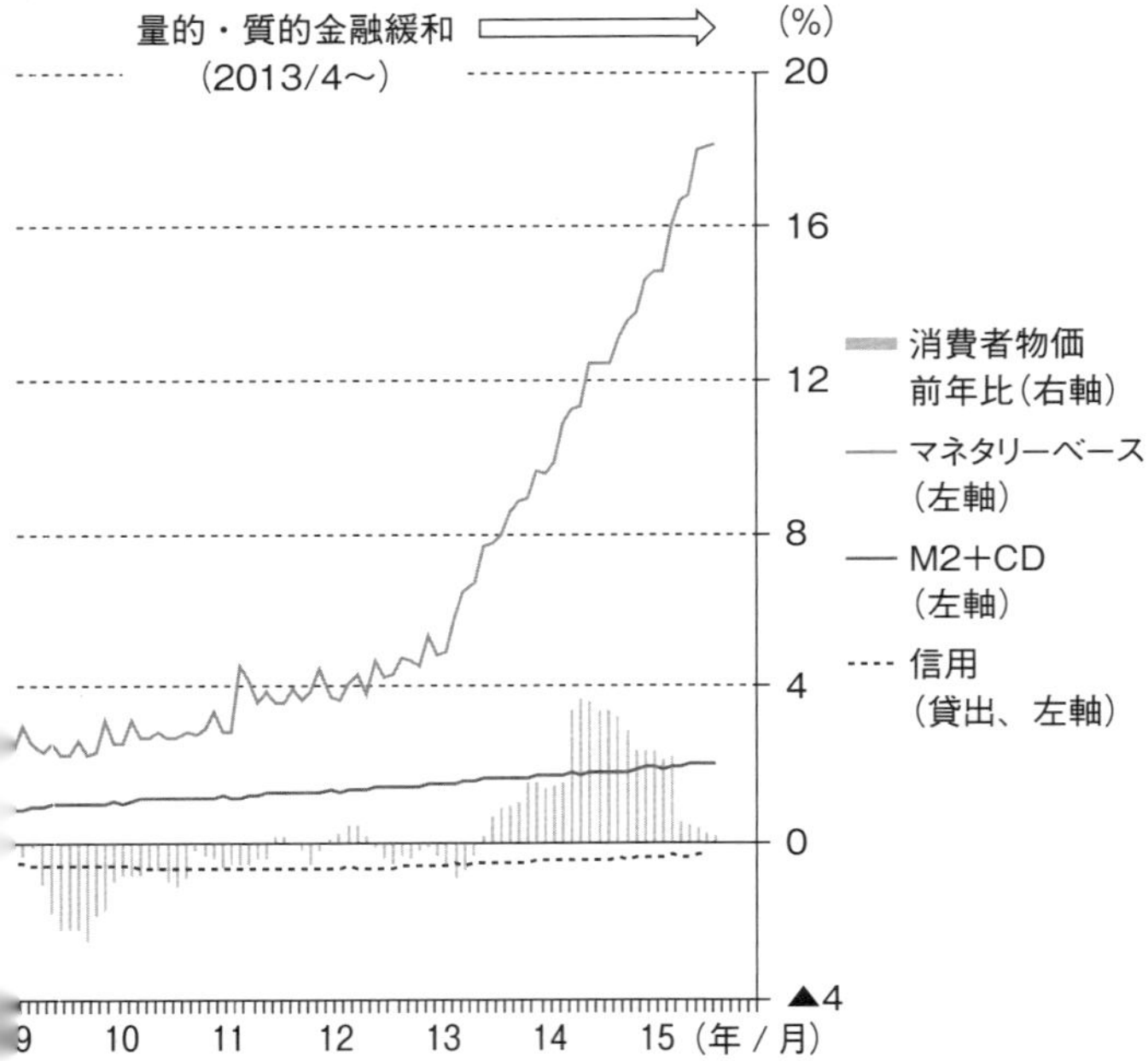

は前年比で、2014年4月の消費税率引き上げの影響を含むベース。
0とすると111.2)が一致するように新統計を接続して表示。

図表5　日本のマネタリーベース・広義マネー・信用(1999年1月=

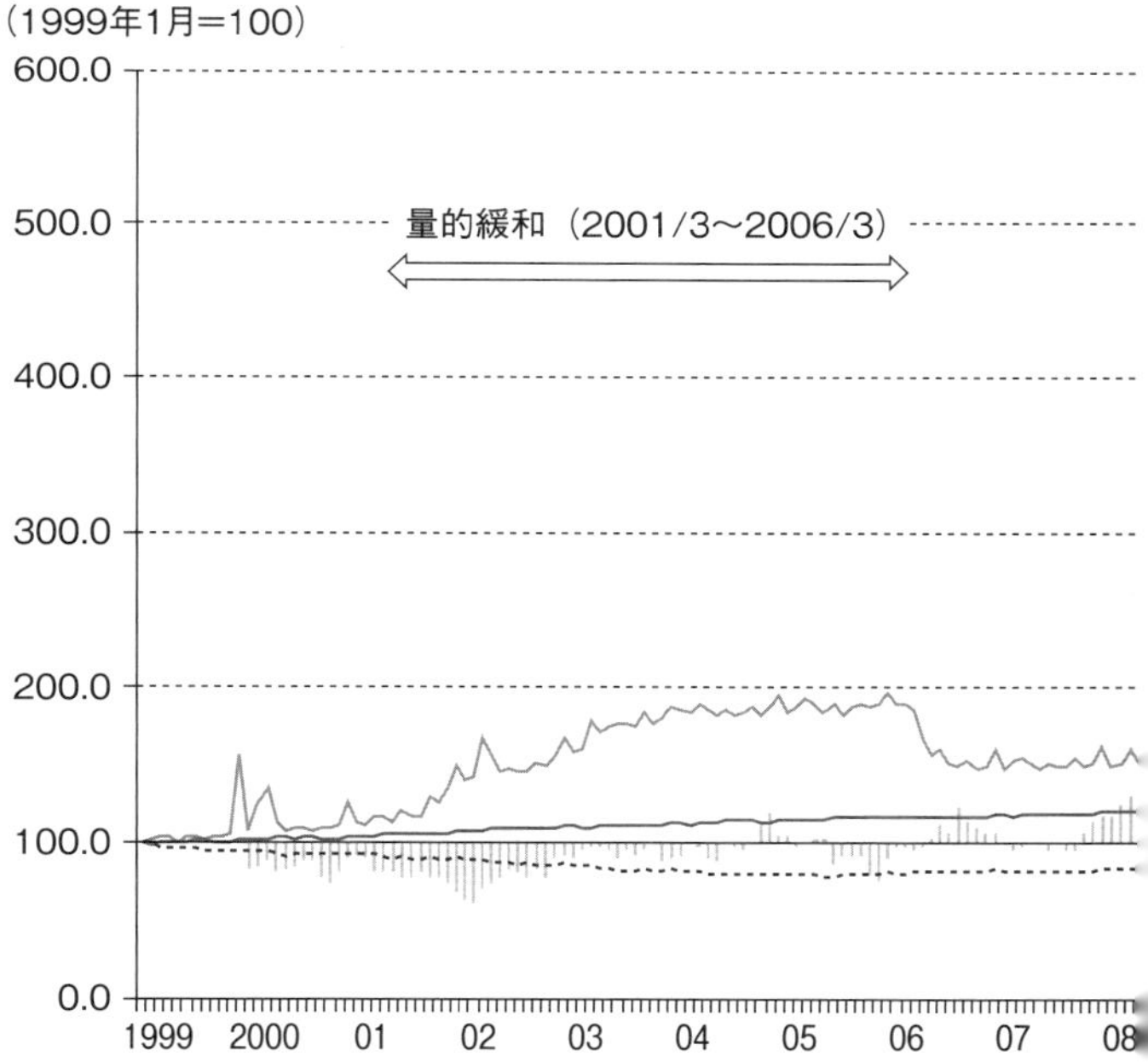

(資料) 日本銀行時系列統計データをもとに作成。
(注1) マネタリーベース、M2 + CD、信用(貸出)は1999年1月=100として指数化。消費者物価
(注2) M2 + CDは連続する統計がないため、2003年4月時点の旧統計ベースの指数(1999年1
(注3) 貸出金は国内銀行銀行勘定と信託勘定の合計。

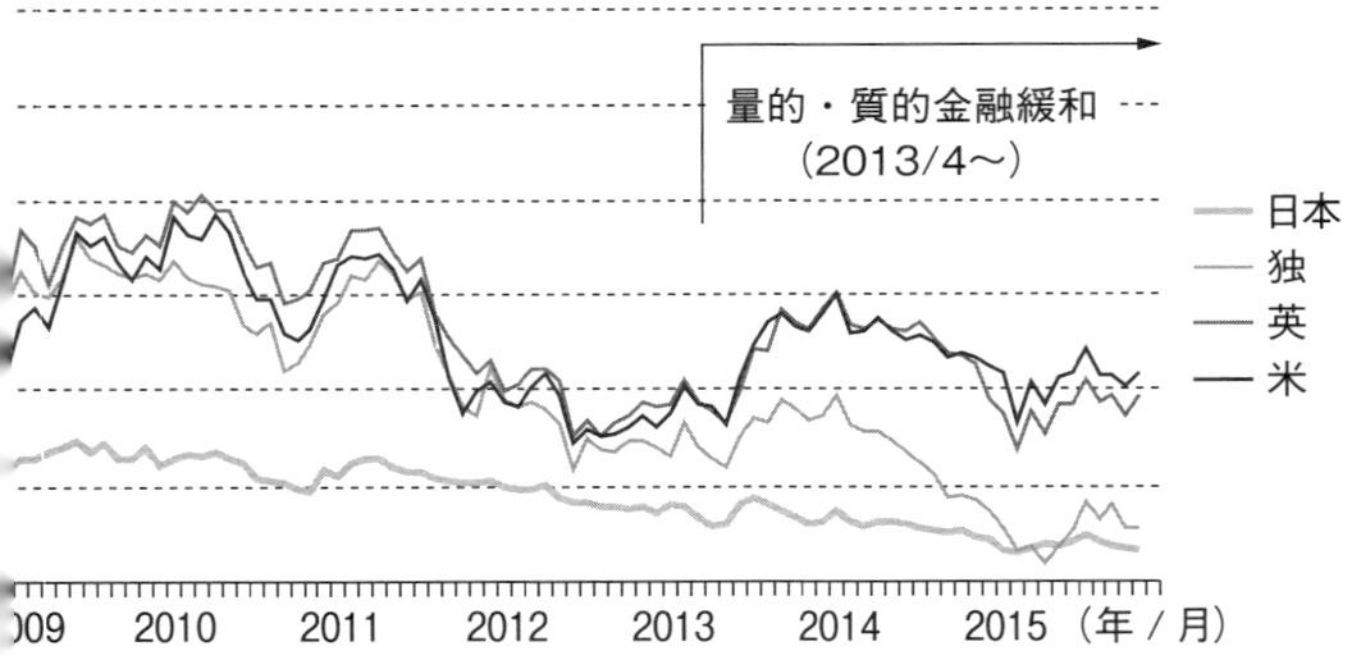

政府も儲《もう》かるから都合がいいのですが、最終的にはものすごいインフレを引き起こすことになり、悲惨な目に遭うのは庶民です。ですから第一次・第二次世界大戦後の状況を経験してからは、主要国で採用した国はありません。

確かに、日銀は政府から直接国債を引き受けてはいません。しかし、民間金融機関が財務省理財局が発行する国債を落札した次の日、日銀の国債買いオペレーションに応じて国債を売却しているのですから、要は、一晩、民間金融機関に寝かせただけの国債が日銀の懐に入っていることになります。「これは財政ファイナンスではない」というのが日銀の公式見解ですが、日銀の意図や形式面にかかわらず、実態としては「事実上の財政ファイナンス」色が濃厚です。

図表6　主要国の10年国債金利の推移

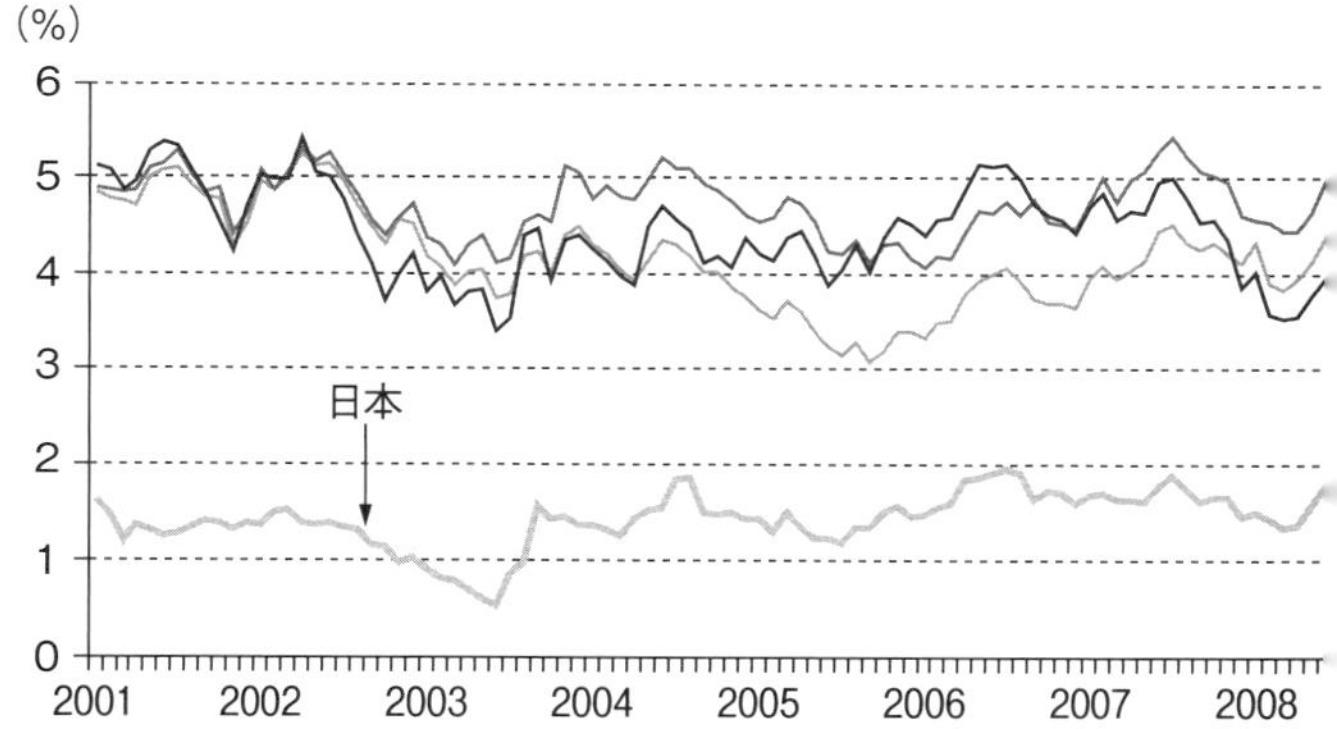

（資料）Datastreamをもとに作成。

図表6にあるように、ほかの国では国債を中央銀行が引き受けるようなことは絶対にせず、市場に任せるのが普通ですから、当然、国債の金利が常日頃から上下に振れることになります。

一方、日本は早くから量的緩和をやってきたこともあり、日本の国債の金利は諸外国に比べ突出して低く、異次元緩和を始めた二〇一三年の四月からさらに下がっています。異様なほど巨額の国債買い入れによって、日銀が国債金利を無理やり低く抑えつけている状態と言えるでしょう。その結果、日本の財政規律は完全に緩んでしまっているのではないかと思います。

「このまま何も起こらない」という油断

この異常な低金利がいつまで続くのか、政府も含めて、考えている人は誰もいないのではないでしょうか。安倍政権は「少なくとも自分たちが政権の座にある間は、このままうまくいく」つもりだろうと思います。もしかしたら「このまま永遠にうまくいく」つもりなのかもしれません。

二〇一四年一一月に消費税率引き上げの先送りが表明されても何事も起こらなかったのは結局、日銀が巨額の国債を買い入れていて、市場金利が抑え込まれているからです。いわば日銀に首を絞められてしまっているのですから、市場金利が上昇することはできません。

実際、日本よりずっと財政が健全な国でも、普通に国債を市場で発行して、市場の客観的な判断で金利をつけられていれば、そのほうが利払い費は多かったりするのですが、それが実力に対する正当な判断だということで耐えているわけです。しかし日本は、正当な実力の判断をしてもらう前にそれをゆがめてしまった状態と言えます。これだけ異常な低金利だからこそ、よその国から見れば気が遠くなりそうな巨額の借金を抱えているにもかかわらず、それを維持するための利払い費はさしてかさまないということになります。

さしあたり、「巨額の借金を抱えたままで走り続ける」ことの痛みはなく、「このまま何も起こらないだろう」という慢心が蓄積され、この国全体に油断が充満しているように思います。ひどい話ですが、これほど財政が悪いというのに、政府に財政再建について真剣に取り組む姿勢は見られません。東日本大震災の後、天災ですから支出がかさんだのはしょうがなかったのですが、歳出が膨らむことに鈍感になってしまったのは大きな問題です。

日銀は、目標に掲げた消費者物価上昇率二％を達成するまでは、意地でも異次元緩和を続けたい、と考えているように見えます。安倍政権にしても、財政運営がつつがなくでき、それなりのバラマキもできるこの政策は、長期政権維持のために欠かせない条件であり、異次元緩和はアベノミクスの事実上の命綱だと思います。しかし恐ろしいのは、続けたくても続けられなくなる時が来るのではないか、ということです。その時が、わが国の財政・経済にとっての正念場になるでしょう。それはどういう時なのか、これからあるとすればどれくらい先で、どういう事態が予想されるのか、それをこれからお話ししていきたいと思います。

「財政危機」の二つのパターン

財政危機に陥った時の債務調整には、二通りのパターンがあります。

その一つは、「連続的な」債務調整です。見かけ上、財政運営は継続してはいますが、国民は重い負担をじわじわと長く負わされることになります。

もう一つの「非連続的な」債務調整は、まさにギリシャのような状況です。これまでの財政運営が行き詰まってしまい、ある時点でものすごい債務残高の調整が入るということになるのですが、ギリシャの場合は対外債務調整、つまり、国債を買っていた外国の金融機関に対し元利償還を停止する、ということを行いました。外国勢に国債を買ってもらっているということは、金利が釣り上げられて大変ということはあっても、いざとなればギリシャのように、部分的にせよ踏み倒させてもらうこともできなくはない、ということです。しかし、日本の国債は九割以上国内保有ですから、この方法は使えません。

よく「国債は日本の国民が買っているから安心だ」という意見を聞きます。しかしそれは、いざ踏み倒すしかない、となったら負担は全部国民に降ってくるという事実が完全に抜け落ちている議論です。国と国民は別だという意識がどこかにあるのでしょうが、国の借金は財務省の借金ではなく、首相や財務大臣の借金でもなく、私たち国民の借金であって、ツケは全部私たちに返ってきます。そのことについては、後ほど詳しく説明したいと思います。

一つ目のパターンである「連続的な」債務調整の代表例は、高インフレです。インフレになると、政府は借金を帳消しにできるので都合がいいのですが、国民からすれば、インフレと同時に給料が上がらなければ、結局、実際にもらえる給料で買えるものは減ってしまいますので、生活が圧迫されて大変な苦労を強いられます。また、高インフレは、それだけでは財政再建はとてもやり切れずに、最後には「非連続的な」債務調整につながってしまうケースも多いのが特徴です。

「連続的な」債務調整のもう一つの典型には、金融抑圧があります。これは今、日銀がやっていることに近いと思いますが、銀行の国有化や中央銀行による国債引き受け（財政ファイナンス）など、何らかの方法で国もしくは中央銀行が国債金利を無理やり低く抑えつけてしまいます。金融抑圧自体は、途上国が国の経済を発展させていくときに使う方法であり、一概に悪いとはいえません。また先ほど申し上げたように、多額の借金があっても、金利が低ければ利払い費は少なくてすむため、政府にとっては都合がよい政策といえます。

実は金融抑圧は、第二次世界大戦後から金融自由化の動きが加速する一九八〇年頃までの時期に、多くの主要国で行われていました。戦争直後はどの国も極めて多額の政府債務残高と高インフレに悩まされ、外国為替制度に関しては、事実上、ブラック・マーケット（違法な闇の外貨両替）が存在していました。そこで、とにかく金利を無理やり低く抑えて復興を優先させたわけですが、これは外国為替制度として固定相場制がとられ、各国間で

の「清算(liquidation)」事例

	「清算」年における実質金利のマイナス幅（▲で表記）平均	「インフレ・サプライズ」年
1954-1980	▲21.4	1945 1946 1949-1951 1959 1972 1973 1975 1976
956-1957	▲4.6	1951 1952 1971-1974 1975
1951 1963	▲4.2	1946 1963 1971-1974
1957 1964-1968 1977 1980	▲5.4	1967 1974
967-1977	▲3.4	1965 1971 1974 1975
1950-1951 972-1980	▲6.0	1962 1963 1973 1974 1976
951-1953 972-1980	▲3.0	1972-1975
956-1958 1960 970-1978 1980-1981	▲2.6	1951 1966 1975 1980
1958 1962 971-1977 1979-1980	▲3.5	1970 1971 1974-1976
956-1957 1968-1970	▲3.5	1946 1966 1968 1969 1973 1974 1979

o 363, Bank for International Settlements, November 2011およびIMF Fiscal Affairs

、前年までの10年間のインフレ率の移動平均から、標準偏差の2倍を上回った場合に該当する、

比のみ、IMFのHistorical Public Debt Databaseの計数で、期初と期末の年はReinhart &
た。

厳格な資本移動規制が設けられていた時期、言い換えれば各国がおしなべて「閉鎖経済」状態にあった時期だからこそ可能だった政策です。

しかし、現代はお金や物の行き来が、国境を越えて自由な時代ですから、このようなことをすれば、お金は金利が高いよその国に逃げていってしまいます。

図表7　第二次大戦後の「金融抑圧」およびインフレによる政府債務

国名	対象期間	政府債務残高GDP比（%）				「清算」年
		期初	期末	期中ボトム	変化の方向性	
アルゼンチン	1942-1980	48.6（1942）	12.6（1980）	9.3（1972）		1944-1952
オーストラリア	1945-1980	74.5（1948）	21.3（1980）	21.3（1980）	↘	1947-1953 1971-1980
ベルギー	1945-1974	131.2（1946）	38.8（1974）	38.8（1974）	↘	1945-1948 1969-1974
インド	1949-1980	27.1（1949）	41.3（1980）	25.8（1954）	↗	1949 1951 1959-1960 1970 1972-1975
アイルランド	1960-1990	44.9（1960）	93.2（1990）	35.1（1973）	↗	1961-1965 1979-1983
イタリア	1946-1980	39.9（1946）	56.1（1980）	24.2（1947）	↗	1946-1947 1962-1964 1970
南アフリカ	1945-1980	78.4（1945）	33.3（1980）	30.3（1964）		1947-1949 1955 1958
スウェーデン	1945-1990	41.6（1948）	46.3（1990）	16.1（1967）	↗	1947-1948 1951-1952 1962 1965-1966
イギリス	1945-1980	234.7（1945）	46.2（1980）	46.2（1980）	↘	1948-1953 1955-1956 1965 1969
アメリカ	1945-1980	116.0（1945）	42.3（1980）	32.2（1974）		1945-1948 1950-1951 1973-1975 1977-1980

（資料）Reinhart & Sbrancia, "*The Liquidation of Government Debt*", BIS Working Papers
Department, Historical Public Debt Database, September 2012 versionをもとに作成。

（原資料注1）Reinhart & Sbrancia［2011］は、「インフレ・サプライズ」年は、当該年のインフレ率
と定義。

（注2）政府債務残高GDP比を除き、Reinhart & Sbrancia［2011］ベース。政府債務残高GD
Sbrancia［2011］の対象期間に従っているが、当該年の計数がn.a.の場合は、近い年の計数と

　しかも、金融抑圧による政府債務残高の規模縮減効果は一律ではありません。**図表7**を見ると、第二次世界大戦後、ほぼ一方向で政府債務残高の縮減に成功した国（オーストラリア、ベルギー、イギリス、アメリカ）もあれば、途中から逆に増加傾向になってしまった国（インド、アイルランド、イタリア、スウ

エーデン）もあることがわかります。

つまり、単に無理やり金利を下げるだけでは十分ではなく、歳出歳入政策を改革しなければ借金は増えてしまうということです。このように、「閉鎖経済」下にあっても、「金融抑圧」が「連続的な債務調整」を可能とする特効薬には必ずしもならないのですから、現代のような「開放経済」の下、国境を越えてお金やモノの移動が自由な体制の下で失敗したときの代償はあまりにも大きいと言わざるを得ません。つまり、重債務国であるわが国にとって、たとえ誘惑的な政策手段であっても、その高いリスクを考えれば、金融抑圧は非常に危険な政策だというのが私の考えです。

ハイパーインフレに匹敵する悲惨なシナリオ

実際問題、今、日銀は金融抑圧に非常に近いことをやっています。しかし、金利がない世界を未来永劫《えいごう》続けることは不可能です。そこで、今の金融抑圧の後に来る正常化局面でどのような状況になることが想定されるのかを考えてみましょう。

日本も含めた世界各国の歴史的経験を見ていくと、閉鎖経済下においては、ハイパーインフレがその共通の帰結でした。これまでハイパーインフレになったのは、アルゼンチン

（一九八九年）やブラジル（一九八七年、一九九〇年）のような途上国ばかりでなく、第一次世界大戦後のドイツ（一九二〇年、一九二三年）も経験しています。ちなみに、ドイツはその経験を忘れず、ハイパーインフレになるとどうなるか、という自分たちの歴史的な経験をきちんと国民に教育していますから、かりそめにも中央銀行に国債を引き受けさせるようなことをやってはいけない、という常識が国民全体に共有されており、財政再建にも、国民がそれに納得しつつ取り組めているのだと思います。

日本について言えば、ハイパーインフレになる可能性もあるものの、別の形で問題点が出てきており、おそらくハイパーインフレに匹敵するぐらい悲惨な状態になるのではないかと思います。それは日銀の財務運営上の「逆ざや」転落、場合によっては「債務超過」という事態で、これが、国と国の間でお金の流れが自由な開放経済下における金融抑圧の帰結、ということになるでしょう。

なぜそのような事態に陥る可能性があるのかというと、まず**図表8**をご覧下さい。これは、二〇〇五年一二月末および二〇一五年六月末の日銀のバランスシートの大まかな見取り図を比較したものです。

二〇〇一年から二〇〇六年にかけて行った量的緩和において、日銀は自らに「銀行券ル

月末、および2015年6月末)

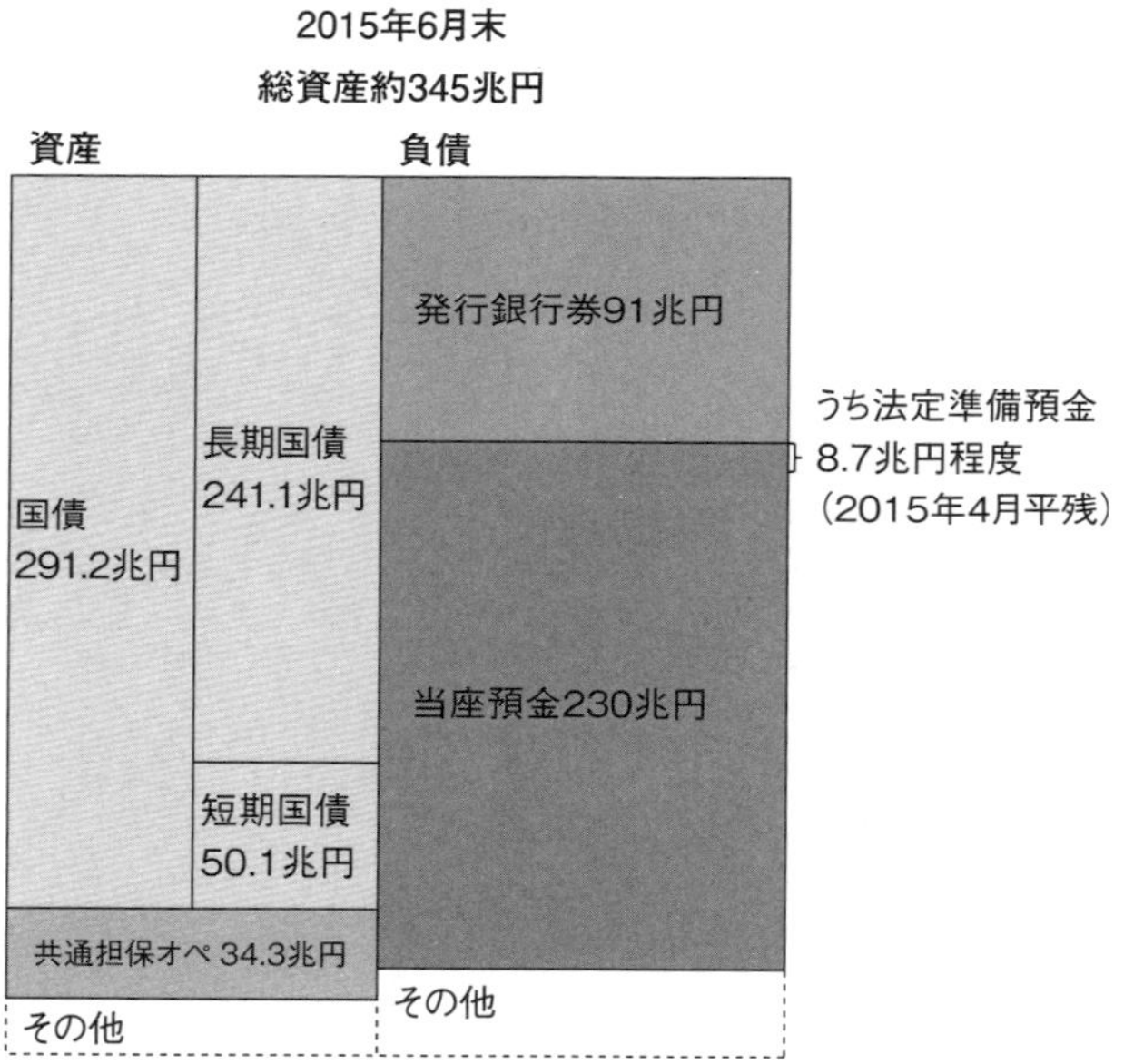

ール」を課してこれを遵守しており、すなわち「長期国債保有残高」が「銀行券発行残高」を上回ることはありませんでした。リフレ派に言わせれば、やり方が足りなかったということになるのですが、この程度の量だったからこそ、量的緩和解除の意思決定から四カ月という比較的早期で、従来の金融政策運営に戻れたことは確かです。量的緩和をやった後に、金融政策運営を正常化させようとする

図表8　日銀のバランスシートの大まかな見取り図の比較（2005年12

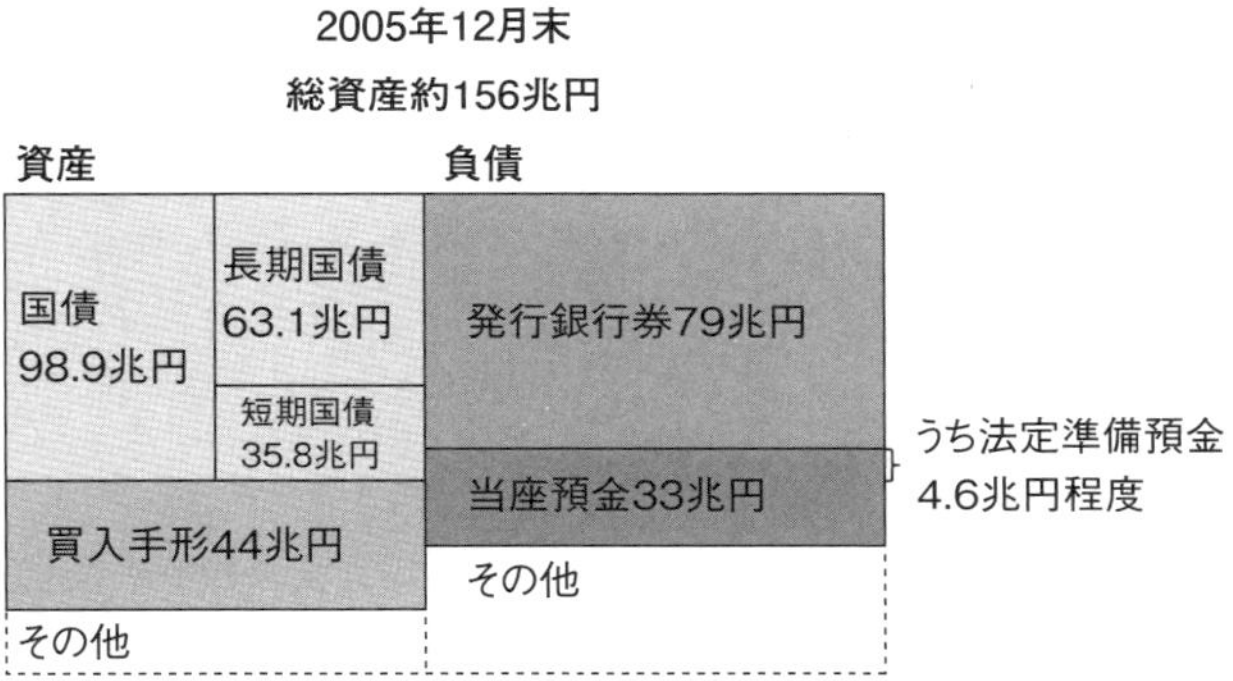

（資料）日本銀行『金融経済統計月報』各号の計数をもとに作成。

と、巨額の当座預金残高の存在が邪魔になります。これは、民間銀行があり余っているお金を、ほかに行き場がないのでやむなく、日銀に預けていたもので、これが巨額の規模で残っている限り、市場には誰も「お金が足りなくて困っている」人がいないので、お金の貸し借り、金融取引が発生せず、いつまでたっても金利がつかず、正常化など、とてもできなくなってしまうのです。ただし、二〇〇六年の時点では、日銀が買い入れていた国債の規模は、今ほどには大きくなかったため、巨額の当座預金の見合いとして、期間数カ月という短期の資金供給オペ（買入手形）の残高がありました。日銀は、量的緩和の解除を決めた後、この「買入手形」を、満期が到来したものすべてを売り戻して、市場から余剰資金を吸収しました。巨額の当座預金残高は、四カ月で見事に解消され、市場では普通に「お金が足りている人」と「足りない人」とが生まれ、金融取引が行われて、金利がつく世界を取り戻すことができたのです。

しかし今回の異次元緩和では、「銀行券ルール」は「一時停止」（つまり完全に放棄）し、今や日銀の長期国債保有残高は銀行券の発行残高を大きく凌駕《りょうが》しています。当座預金残高二三〇兆円に対して、日銀がいつでも資金吸収の手段として使える短期の資金供給（共通担保オペ）の残高は、わずか三四兆円しかありません。これでは、二〇〇六年当時のように、短期間で従来の金融政策運営手段を回復することは不可能です。

中央銀行の破綻《はたん》という可能性

では、日銀は、物価上昇率二％を達成したら国債を売ってしまえばよいのでしょうか？国債を市場に売り戻せば、その金額分の余剰資金を市場から吸収することができます。しかし、これはそんなに簡単なことではありません。まず、日銀が今までとは逆に、巨額の国債を売れば、市場金利は上昇し、政府の財政運営は、利払い費が急増して大変なことになります。また、日銀自身も、金利上昇（国債価格は安値）局面で売却すれば、キャピタル・ロス（売却損）が現実化することになるでしょう。例えば、日銀が一〇〇円で買った国債が売る局面で金利が上がっていれば八〇円になったりするわけで、売れば売るほど損を重ね、最後は日銀の資本を食いつぶして、日銀が倒れるということにもなりかねません。中央銀行の破綻などあり得ないと思われるでしょうが、これからはそういうことも起こり得る時代であり、それをいかに乗り切るかが各国中央銀行の腕の見せどころになると思います。

実際、日本と同じような問題を、アメリカの中央銀行である連邦準備制度（Ｆｅｄ）やイングランド銀行（ＢＯＥ）も抱えています。Ｆｅｄはリーマン・ショック後の大恐慌に近い状態を乗り切る手段と割りきって、大規模な資産購入（ＬＳＡＰ）を実施し、大量の国債やＭＢＳ（住宅ローンを担保とする債券）を買い入れました。国債を売って簡単に減らすことができないのは日銀と同じです。

しかし日銀との大きな違いは、いわゆる量的緩和であるＬＳＡＰ実施中の二〇一一年から、Ｆｅｄとして終了後の正常化戦略を真剣に検討し、正常化局面で想定される複数のシナリオやＦｅｄ自身の財務運営が相当圧迫を受けることなどを、誠実かつ正直に米国民や市場関係者に明らかにしてきた点にあります。具体的な方針としては、国債の中途売却は、売却損がかさむことになるので避けて、保有国債の満期が来たらその分は手放すような形で、大きく膨らんでしまった資産の規模をゆっくり減らしていくというやり方で乗り切ろうとしています。それだけでは、金融を引き締めることにはならないので、民間銀行がＦｅｄに預けている当座預金にＦｅｄが利息を払うことにし、その利率を徐々に引き上げていくことによって、金融を引き締めていこうとしていますが、なかなか簡単にはいかないでしょう。

日銀は持ちこたえられるか

日銀の場合も、おそらくＦｅｄと同様の手段による正常化を行うよりほかにないと思います。相当時間がかかるかもしれませんが、Ｆｅｄがこれからやろうとしているように満期が来た国債を手放していけば売却損は被らずにすみますから、これが一番穏便にすみそうな方法と言えるでしょう。

問題は、その時の日銀の財務運営です。もう一度、図表8を見ていただきたいのですが、日銀も、Ｆｅｄと同じように、当座預金に対して日銀が民間銀行に金利を支払い、その水準を少しずつ引き上げていけば、金融引き締めは可能となっても、中央銀行としての収益の源泉である「資産につく金利」マイナス「負債につく金利」の「利ざや」が縮小せざるを得なくなります。

アメリカやイギリスの中央銀行が買い入れて保有している国債の加重平均利回り（約三～四％）と比較すると、日銀が保有する国債の加重平均利回りは異様に低い〇・四七三％（平成二六年度上半期）です。この数字は現在もっと下がっていると思いますが、日銀が今後、短期金利を例えば〇・五％に引き上げ誘導せざるを得なくなれば、とたんに一国の中央銀行が逆ざやになるという、恐ろしい事態を招くことになります。

ちなみに、日銀が保有する国債の平均残存期間は六・七年で、Ｆｅｄ（九・〇年）やＢＯＥ（一二・〇七年）に比べれば短い（いずれも講演時）ものの、これは、仮に、満期が到来した保有国債を全額手放すことを日銀が始めたとしても、残高規模が半分に減るまで約七年かかるということを意味します。いったいこれほどの期間、日本は逆ざや状態を乗りきれるのか、非常に不安です。図表8に戻ると、二三〇兆円の規模で一％逆ざやになったら、その年、二・三兆円が飛んで行くという恐ろしいことになるのに、日銀の資本金は一億円、準備金も三・一兆円しかないわけですから、これで何年もつのか、という話です。

今は株も高いですし、景気もけっこういい状態だと認識されていますが、このような金融政策運営を続けていけば最終的に日銀自身が債務超過になってしまうかもしれない、ということを頭に入れておいていただきたいと思います。日銀が債務超過になれば、政府による財政支援、つまり一般会計から補塡《ほてん》するしかありません。中央銀行としてはおそらく歴史上、前例がほとんどない事態ということになるでしょう。

日銀もそのことについて認識はしているようで、これまで日銀自身の収益から国の一般会計に繰り入れていたお金の半分を、逆ざやに備えて引当金として積むようにすると言っています（「日銀引当金、増加を要請　総裁、国債下落に備え」朝日新聞二〇一五年一一月一四日）。ただし、問題は日銀が債務超過になることだけではなく、短期金利の引き上げ誘導を行わざるを得ないような局面では、国債の金利水準も上昇して利払い費が急増し、それにより財政運営の安定的継続が危うくなるかもしれないということです。

自由な資本移動ができなくなるとき

債務超過にならないようにするには、日銀はこれからもずっと、金利を上げなければいいではないかという考え方もあるかもしれません。それでは日本はずっとゼロ％のままでもいられるのか、ここが問題です。世界的な「超金融緩和状態」の潮目はそろそろ変わろうとしており、海外情勢の変化を考慮する必要があります。

例えばＦｅｄは、リーマン・ショック後の二〇〇八年一二月に「事実上の下限」である〇・二五％に政策金利を引き下げましたが、二〇一六年から二〇一八年ぐらいでこの短期の政策金利を四％ぐらいにまで引き上げていくことも想定していることを明らかにしています。アメリカが利上げするとなると、ほかの国の中央銀行も金利を上げないと、お金がどんどんアメリカに吸い寄せられていくことになりますから、それを避けるために各国が、多かれ少なかれ金利を上げていかざるを得なくなるのが自然の流れです。

その結果、これまではほかの国の金利も低かったので目立たなかった日本の異様な低金利が世界最低になってしまい、金利の高い海外に日本国内の資金が流出することになるでしょう。開放経済下では資本の移動は自由で、かつ為替は変動相場制ですから、日本からの資金の流出が止まらなければ今以上に相当大きく円安になり、輸入物価高騰による高インフレの進行を止められなくなるかもしれません。それと同時に、財政運営の安定的継続も困難な危機状態に追い込まれる可能性もあります。正直、こんなことで二〇二〇年にオリンピックができるのかと思います。

円安になったら、外国為替市場介入をして、財務省が円買いドル売りすればいい、と考える人がいるかもしれません。しかし、一九九二年のポンド危機の時、イギリス当局は懸命に介入したものの、結局、ヘッジファンドを率いるジョージ・ソロスには対抗できませんでした。同様に、日本の外貨準備高をもってしても、ヘッジファンドとは動かせるお金の規模が違うのですから勝てるはずはありません。要するに、中央銀行が債務超過に陥るような国の通貨を、果たして市場の誰が「信認」するのか、ということなのです。

海外情勢が変わっても、それでも日本が低金利を続けようとするならば、戦後、各国がとっていたような資本移動規制を発動するよりほかに方法はなく、つまり、私たちは海外に自由にお金を動かすことができなくなるでしょう。しかしこの政策は、これまで自由な貿易や自由な資本移動体制の恩恵の下で発展してきた日本企業に測り知れないダメージを負わせることになります。その結果、日本企業の海外移転は今以上に進むでしょうし、それにより安定的雇用が一層失われることになって、それこそ「成長戦略」どころの話ではありません。

日本経済の生命線として、資本移動の自由と為替の変動相場制は何としても死守すべきだと思います。そのためにも、現在の金融政策運営の早期見直しが望ましく、国民もまた、異次元緩和がどれほど高いリスクをはらむものなのかをもっと理解する必要があります。

ギリシャやイタリア以上に深刻な日本の借金

日銀の金融政策運営は、日本の財政という大問題を噴出させるきっかけになってしまうかもしれません。

日本が円滑に財政運営を回し、例えば公立学校の先生にお給料を払ったり、年金を予定通り払えるのは、毎年、巨額の借金ができることが前提です。そこで、各国が毎年どれくらいの規模の借金をしているのかを比べたのが**図表9**です。

日本は一〇〇兆円を超える満期負債（借換債）を出しており、その規模はGDP比で実に約四七％に達する状態です。これほどの規模で借換債を出している国はほかにありませんし、債務危機に苦しむギリシャでも一〇％弱、やはり重債務国であるイタリアも二〇％弱に過ぎないのですから、その規模の大きさがおわかりになると思います。日本はこれに加えて、毎年度三〇兆円を超える新発国債（新たな借金）も出しているのです。

図表9　主要先進国の一般政府債務残高とグロス所要資金調達額（2015年4月公表時点における、IMFによる2015年見通し、対名目GDP比）

（%）

	債務残高	グロス所要資金調達額			（参考）	
		満期負債	財政収支赤字幅		財政収支	プライマリー・バランス
日本	**246.1**	**46.5**	**6.2**	**52.7**	**▲6.2**	**▲5.7**
アメリカ	105.1	15.8	4.2	20.0	▲4.2	▲2.2
イギリス	91.1	7.4	4.8	12.2	▲4.8	▲3.2
（参考）						
ドイツ	69.5	6.1	▲0.3	5.8	＋0.3	＋1.5
イタリア	133.8	18.8	2.6	21.4	▲2.6	＋1.4
スペイン	99.4	17.2	4.3	21.5	▲4.3	▲1.6
ギリシャ	172.7	8.8	1.2	10.0	▲0.8	＋3.0

（資料）IMF, *Fiscal Monitor*, April 2015およびOctober 2014をもとに作成。

（原資料）Bloomberg L.P. およびIMFスタッフによる推計・予測値。

（原資料注1）2015年、および2016年の短期負債残高は、それぞれ2016年、2017年に満期を迎える短期負債で再調達されると仮定。

（原資料注2）ギリシャのみ、グロス所要資金調達額（その内訳としての満期負債、財政収支）は中央政府ベース。2014年10月時点の計数。

（注3）財政収支赤字幅の「▲」は財政収支が黒字であることを示す。

なぜ日本はこれほど満期負債が多いのかというと、借金の規模に加え、短期債の割合が多いからです。一〇年債ばかり出していれば、借り換えは一〇年に一度しか来ませんが、一年債で国債を出したら毎年借り換えです。例えば、イタリアは二〇一一年に債務危機に陥りましたが、日本よりずっと一〇年債のような長期債の比率が高いので借換債が少なく、欧州の他国や国際機関からの支援を受けずになんとか乗り切ることができました。

しかし日本は、元々の借金も大きいうえに、短期の自転車操業ですから、何らかの理由で借金が続けられなくなれば、財政運営はもう回りません。日本の財政運営の基礎的条件は、ギリシャやイタリアよりもずっと悪いのです。

何度も申し上げたように、日銀が金利を異常に低く抑えていますから、これほどの借金があっても利払い費は横ばいです。二〇一五年度の予算は全体で一般会計歳出歳入総額九六兆円、その中で利払い費が一〇兆円しかないのですから、これだけ放漫な財政運営をやっても痛みがないということになります。

しかし情勢の変化により、日銀が金融政策運営の「正常化」に向けて短期市場金利を引き上げ誘導せざるを得なくなった場合、政府の利払い費は急速な増加傾向をたどらざるを得ないだろうということが、財務省の仮定計算からわかります（**図表10**）。これが現実となったとき、もしくはこれ以上の増加傾向をたどることになったとき、わが国の財政運営は非常に厳しい状況に追い込まれるとともに、その状態がしばらく続くことが予想され、そうなれば、日銀に逆ざやの補塡をするどころではないということになるでしょう。

欧州債務危機に学ぶ「中期的な国民負担最小化シナリオ」

財政再建を進めていくうえで、どういう形にせよ、国民負担がないということはあり得

図表10　財務省の『仮定計算』が示す今後の利払費の見通し

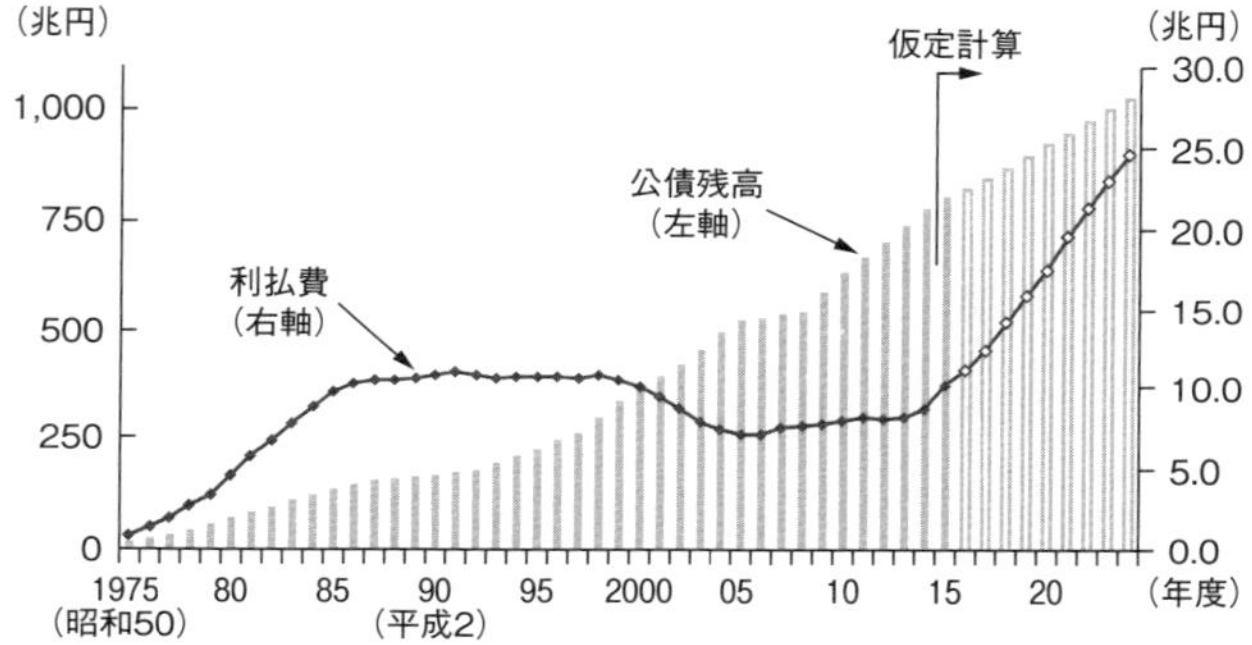

(資料) 財務省『日本の財政関係資料』平成27年3月、同『国債整理基金の資金繰り状況等についての仮定計算』平成27年2月をもとに作成。

(原資料注1)「平成27年度予算の後年度歳出・歳入への影響試算」の［試算-1］(*)を前提とする。「差額」は全て公債金で賄われると仮定して推計。平成33年度以降、新規公債発行額は平成32年度の「差額」と同額と仮置きし、金利は平成32年度と同水準と仮置き。

(原資料注2) 計算の対象は、定率繰入及び発行差減額繰入対象公債等としている。なお、年金特例債は計算の対象とし、復興債は計算の対象外とする。

(注3) 原資料注1の(*)における、平成27年度から32年度の各年度における10年国債の金利(予算積算金利)は平成27年度から順に、1.8%、1.9%、2.1%、2.3%、2.4%、2.6%(32年度)。

ません。では、できるだけ中期的には最小限の負担にするためにはどうすればいいのか、考えられるシナリオについて、お話ししていきたいと思います。

　曲がりなりにも自力での財政運営を継続していくためには、国債を日銀に持たせるのではなく、市場で消化する態勢にできるだけ早く戻すこと、できるだけ早く金利形成を、日銀が抑えつけるのではなく、市場メカニズムによるものに戻していくことが基本です。ただし、その場合は相当程度の金利上昇は避けられませんし、それに耐えられる財政運営、すなわち増税と歳出カットを行うよりほかに方法はありません。それでも、金利形成を市場メカニズムによるものに戻せば、政策対応や改革の進行度合いによっては、一度上昇した金利もいずれは低下する局面も出てくるはずです。

例えば、二〇一〇年から二〇一二年頃に起こった欧州債務危機において、自力での財政運営が困難となったのは、ギリシャ、アイルランド、ポルトガル、キプロスの四カ国、さらにイタリアやスペインも市場の標的となりました。しかし各国とも、自力での厳しい財政再建を断行し、その結果、市場金利は低下して、アイルランド、ポルトガル、スペインはその後、ユーロ圏やIMFの支援から脱却しています。

危機の当初、欧州中央銀行（ECB）は証券市場プログラム（SMP）によって重債務国の国債を限定的な規模で買い入れました。しかし、その結果、財政規律の緩みを招き、二〇一一年秋以降の危機の深刻化につながったことから、その後、危機が緊張のピークに達するなかでも、国債の引き受けはもとより、流通市場からの買い入れも行いませんでした。重債務国の民間銀行に対しても、安易なオペレーションによる資金供給には一切応じなかったのです。

こうしたＥＣＢの対応からは、政府の財政運営が瀬戸際となったとき、中央銀行が「安易に国債を買い入れて政府を救済する」のと、当時のＥＣＢのように「血も涙もないような対応をする」のとで、果たしてどちらが真に相手のためなのか、考えさせられます。もちろん、これらの重債務国で厳しい緊縮策がとられた間、各国の実体経済には大きな痛みが伴いました。しかし、失業率が二〇％を超えるような事態に陥ったとしても、それでもまだそちらのほうが、非連続的な債務調整に追い込まれる、財政破綻するよりははるかにいいのではないか、という判断があったということでしょう。

ただ、日本が実際にこのような「中期的な国民負担最小化シナリオ」に踏み切れるのかどうかについては悲観的にならざるを得ません。欧州のように、政府および日銀がわが国経済・財政の真の先行きを見据えた「胆力」を持ち、国民の側にも痛みを受け入れられるだけの「理解」と「覚悟」があるのでなければ、おそらく不可能ではないかと思います。

ツケは全部国民に回ってくる

日本はプライマリー・バランスも財政収支もギリシャよりずっと下の、ずっと悪いレベルだというのに、平気な顔をしています。しかし先ほどからお話をしているように、近い将来、海外金融情勢が変化すれば、一段の円安が進行し、資金流出が始まる可能性は否定できません。もしその時、日銀が、自らが債務超過に転落するのを避けるため、金利の引き上げ誘導を十分に行うことができず、結果的に円安の進行を止められなければ、なし崩し的に「非連続的な債務調整」局面に突入せざるを得なくなるということは十分あり得ます。そうなれば、国民からむしりとって、最後につじつまを合わせるよりほかにない、ということになるでしょう。

つまり、「国民に有無を言わせない強制執行」によって国民の課税資産を差し押さえ、もしくは、政府が財政制度上負っている歳出の義務と相殺することにより、財政運営を継続するよりほかに方法はなくなることが考えられます。具体的には、国内で発行している国債の元利償還の停止に始まり、利率の強制的引き下げ、年金カットや公務員の給与不払いなど国内の個人や法人に対する債務（歳出）不履行、最後の最後まで行くと、ギリシャやキプロス、アイスランドなどが、近年の欧州債務危機の前後で部分的に導入したような、預金口座の凍結ないしは預金封鎖が行われるでしょう。また資本移動規制発動により、ほかの国に自由に送金もできない、ということも起こります。

アジア通貨危機における韓国のようにＩＭＦに助けてもらおうとしても、その場合、政策運営の主導権はすべてＩＭＦに渡し、「国内債務デフォルト」（資本移動規制発動、預金封鎖、新通貨切り替え）を経る形で、財政運営の再開を目指すということになると思います。

さらに言えば、ＩＭＦにも助けることができる限界があります。欧州債務危機のとき、もしイタリアが支援要請したとしても規模が大きすぎて手に負えないとの見方が共有されていました。日本はイタリアよりもっと経済規模が大きいうえに、図表9にあるように、毎年度の国債発行による要資金調達額の規模、つまり財政危機時にふさがなければいけないバケツの穴は、イタリアがＧＤＰ比二割なのに対し、日本は五割強に達しています。少々の支援は期待できても、日本はもはやＩＭＦの手に負えるような規模ではありません。

第二次世界大戦終戦直後に起こった強制発動

預金封鎖などの話をすると、「そんな馬鹿なことが起こるわけがない」と思う方もいらっしゃるかもしれませんが、これは現在のギリシャなどだけではなく、実際にかつての日本でも、たかだか今から七〇年前にあったことです。そこで、ご参考までに、終戦直後の日本が経験したことをお話しして、結びとさせていただきます。

図表11は一九三〇（昭和五）年から一九四六（昭和二一）年までの国の借入金を示したも

図表11　国債借入金等残高の対国民所得比率の推移（1930年度〜1946年度）

年度		国債借入金等年度末残高（百万円、A）	国民所得（百万円）（B）	国債借入金等対国民所得比（%、A/B）	人口（千人、C）	一人当たり国債借入金等残高（円/人、A/C）
1930	昭和5	6,843	11,740	58.3	63,872	107
31	6	7,053	10,520	67.0	64,870	109
32	7	7,911	11,332	69.8	65,890	120
33	8	8,917	12,417	71.8	66,880	133
34	9	9,780	13,131	74.5	67,690	144
35	10	10,525	14,440	72.9	68,662	153
36	11	11,302	15,546	72.7	69,590	162
37	12	13,355	18,620	71.7	70,040	191
38	13	17,921	20,008	89.6	70,530	254
39	14	23,566	25,354	92.9	70,850	333
40	15	31,003	31,043	99.9	71,400	434
41	16	41,786	35,834	116.6	71,600	584
42	17	57,152	42,144	135.6	72,300	790
43	18	85,115	48,448	175.7	73,300	1,161
44	19	151,952	56,937	266.9	73,800	2,059
45	20	199,454	-	-	72,147	2,765
46	21	265,353	360,855	73.5	75,750	3,503

（資料）大蔵省財政史室編『昭和財政史　終戦から講和まで　第11巻　政府債務』東洋経済新報社、1983年5月をもとに作成。

（原資料注1）国債借入金等年度末残高は、国債、借入金、短期証券および一時借入金の合計額。外貨債の円換算は、英貨1ポンドにつき9円763、米貨1ドルにつき2円006、仏貨1フランにつき0円387。

（原資料注2）国民所得は、昭和20年までは暦年ベース、21年は年度ベース。


のです。国債残高の対国民所得比はGDP比のようなものと言えますが、一九四四（昭和一九）年がちょうど今の日本と同じくらいで約二六六％。国債は人為的な低金利としたうえで、そのほとんどを日銀と政府預金部が引き受けざるを得ないという状態になりました。ただし、当時はインフレが進行していたので、戦時中の日銀は、政府から引き受けた国債をオペレーションでけっこう市中に売って、インフレを少しでも抑えようと資金を吸収していました。この点は、買い入れた国債を絶対に手放さない今の日銀との大きな違いです。

これが敗戦で財政破綻しました。敗戦時の国民の財産・資産は、事実上、現預金のみに尽きる、といっても過言ではない状態でした。

『昭和財政史　終戦から講和まで』（全二〇巻、大蔵省財政史室編、東洋経済新報社）によると、「債務放棄」や「国債利率の強制引き下げ」なども選択肢に上るなか、政府は「取るものは取る、返すものは返す」という方針を決定します。当時の政策立案者の回想によれば、「取るものは取る」は「うんと国民から税金その他でしぼり取る」（第一一巻「政府債務」）ということですが、政府は国内企業や国民に対して、戦時中に約束した補償債務を履行しないという形で国内債務不履行を強行しました。また、一度限りの空前絶後の大規模課税として、動産、不動産、現預金などを対象に、税率二五〜九〇％という高率の財産税を導入し、それを原資に、終戦直後の数年間で国債残高の相当部分を償還するという荒業をやってのけました。財産税のようなものが近々、実施されるとわかれば、皆、先にお金を引き出して逃げてしまいますから、実施に先立つ一九四六年二月一七日、預金封鎖、そしてタンス預金による抜け道を封じるための新円切り替えが行われます。渋沢敬三蔵相が「インフレ抑制のため今持っている円は今日限りでしか使えない」というラジオ放送を夕方からやったそうで、汚いやり方だと思いますが、これは今でも、いざとなればできなくはないことなのです。

そうやって、国民が一生懸命働いて、戦禍を切り抜けて貯金しておいたお金も全部、国が差し押さえてしまいました。現在、高校の教科書には、預金封鎖は戦後インフレを抑えるために行われたと書かれていますが、それだけが目的だったわけではないのです。実際、当時の政府も国民に「預金封鎖は戦後インフレを抑えるため」との説明を貫き通し、真実を伝えることをしませんでした。

こうした戦後の経験を調べてみると、急に「明日から預金封鎖します」と言われるぐらいなら、そして子供たちの世代にそのような事態が起こるのを絶対避けるためにも、明日からでも消費税率を一〇％にしてもらってもいいと思います。増税はもちろん嫌ですが、戦後と違い、今は人口が減っているわけですから、「今」増税しないことと引き換えに将来、「非連続的な」調整が入ったときに一人一人にふりかかってくる借金の額は想像するのも恐ろしいものになるでしょう。

しかし、政権はそのことについて説明しようともしませんし、メディアもタブーなのか、ほとんど議論しようとしません。今それなりに居心地がいいからか、皆が本来目を向けるべきことを考えないで平気になってしまっているのが、やはり怖いと思います。本当は国民がもっとこういうことを理解すべきで、そうであれば今のようなリスクの高い政策運営が放置されることはないのではないでしょうか。

子供たちの世代に対して、私たちは大人として今、本当に申し訳ないことをしてしまっていると思います。皆さんはどうお考えになるでしょうか。

【Q&A】

二〇二〇年六〇〇兆円GDPは実現可能か

Q 安倍政権は二〇二〇年に六〇〇兆円GDPを実現すると言っています。しかし、これは実現可能な目標なのでしょうか。このような経済成長を目指すことが、これからの日本の取るべき道とは思えません。

河村 簡単に言うと、GDPは国全体で皆がもらっている給料の合計、国民が生み出した付加価値の合計とお考えください。GDPが増えるには、まず国民の頭数の問題があります。国民一人当たりの給料が一定だとすれば、高度成長期のように人口が増えていく時代ならば、わりと簡単に増えやすいと言えます。あるいは、頭数が増えなくても、一人当たりのもらえる給料が増えればいいわけです。

ところが、これからの日本は、頭数については、もうある程度答えは出ていて、移民を入れるのでなければ、二〇年、三〇年後まで相当なペースで人口は減り続けます。頭数が減るなかで、今四〇〇兆円ぐらいのGDPを六〇〇兆円まで増やすためには、一人当たりの給料をどれだけ増やせるのか、という話です。そんなことは無理だろうと思います。

名目GDP比の債務残高の規模は、簡単に言うと、一〇〇〇兆円の借金が分子で、分母がGDPです。この割った比率が減るようにしたいならば、分子に当たる借金を減らすのが王道ですが、そうではなく、分母を増やして比率を減らそうというのが、安倍政権の狙いでしょう。しかし、本来目を向けるべきことに全く目を向けず、議論の俎上《そじょう》にも載せないという、この国が抱えている根本的な問題から逃げる姿勢は強まる一方だと思います。

そもそもこれだけ巨額な借金を返すことはできるのか

Q 日本の借金がだいたい一〇〇〇兆円として、今後一切借金をしなくても、五〇兆円ある国の税収から例えば一〇%にあたる五兆円を毎年返済しても、二〇〇年かかります。率直なところ、日本は借金を返すことはできるのでしょうか。

河村　国の場合、個人とは違って借金が一切ないのがいい、ということでは必ずしもありません。例えばギリシャでも、五年ぐらいの期間をかけてGDP比一七〇%なのをまず一二〇ぐらい、それから一〇〇ぐらいに減らそうということで財政再建を行っています。

ですから、日本の借金が一〇〇〇兆円あって、それを全部返さないといけないということでは必ずしもありません。GDP比二五〇%を一〇年、あるいは二〇年ぐらいかけて一〇〇%に持っていかれれば、といったあたりが現実的な線です。もちろん、その分のしわ寄せはほかにいくわけですから大変ですが、国民全体として意識して、危機感が途切れることがないように、一生懸命返していかないといけないと思います。

そうやって、ちゃんと時間をかけてでも財政再建できるだろうと思われている間はなんとか引っ張れるかもしれませんが、それができないとなると、金利が上がるか、さもなければ資本移動規制をかけて、鎖国しつつ貧しくなっていくよりほかにない、ということになるのではないかと思います。

第八回　総括講演

姜尚中×一色清

（講義日　二〇一五年一二月一四日）

【総括講演】

姜　これまで皆さんひとつひとつの講義を聞かれて、それぞれご自身の印象を持たれたと思います。各講師の講義の内容を少し強引にまとめてみると、要するに、日本の戦後七〇年の私たちの社会の中で、基軸というものが揺らいでいるというだけではなくて、それがずれていたり、あるいは壊れていたりというような状況になっているのではないかということが、期せずして共通のテーマではなかったかなと思います。

例えば、日銀という中央銀行、これはやはり日本の経済を支える基軸です。憲法は、国の体制の屋台骨です。自由な言論空間、そして私たちが目指している自由に基づく民主主義、こういう社会を支える非常に重要なある種の基軸が今、質的に変容している。あるいは、私たちが過去や現在や未来を考えていくときに基軸となる歴史観の軸芯《じくしん》が溶け出していくような話がありました。そして、少子高齢化の中での近代的家族の崩壊という話もありました。家族というのは、やはり私たちの社会の一つの基軸です。それらが大きく変わろうとしている。その結果として、社会も大きく変わろうとしている。そういうことになると思います。

一人一人の講師の話には、それぞれのご専門がありますので、話題はそれぞれ違いますが、まとめて言えば、基軸になるもの、軸芯になるものが今私たちの社会の中で非常に揺らいでいるというふうに総括ができる。揺らいでいるだけではなくて変質している。そういう時代に今いるのではないでしょうか。

戦後民主主義を我々がどう捉《とら》えるか

今日、戦後民主主義を我々がどう捉えるか。繰り返しになりますが、中央銀行である日本銀行、そして歴史観、憲法、近代的家族という戦後家族のあり方、あるいは私たちが当然前提とした自由な言論空間、こういうものも含めて、日本の基軸が揺らいでいるなかで、戦後民主主義というものをどう捉え直していったらいいのかを問われている気がします。

戦後民主主義とは何だろうか。これはいろいろな捉え方があります。日本政治思想史の三谷太一郎さんの言葉を借りると、「日本の歴史上の民主主義はすべて戦後民主主義であった」(『私の「戦後民主主義」』岩波書店)。つまり、民主主義というものは、戊辰《ぼしん》戦争や西南戦争、日清、日露、第一次世界大戦、そして第二次世界大戦のそれぞれの戦争を通じて戦後においてあらわれ、その戦後民主主義が次の戦争を準備する、その繰り返しだった。戦争と民主主義とは、いわば綾《あや》なす糸のように交互にあらわれる。古い段階の戦後民主主義が、やがて次の段階の戦争を準備する。そして、その戦争の後に新たにまた戦後民主主義というものがつくられる。

ただし、今日の戦後民主主義は、それ以前とは根本的に異なります。今から数年後、明治維新（一八六八年）から一五〇年を迎えますが、近代日本の一五〇年間にあって、その約半分を占める今の戦後民主主義は、それ以前とは根本的に異なる。現在の戦後民主主義は七〇年間、新たな戦争を準備することがなかった。日本国内だけに限定してみると、そういう見方も成り立ちます。

その戦後民主主義というものが何ゆえに軸芯が揺らいでいるのか。それはただ単に日本の社会が右傾化した、あるいは、安倍政権の持っている体質というものが戦前的な体質であるとか、いろいろな評価があります。しかし、私はもうちょっと違う問題提起をしたい。

戦後七〇年、少なくとも日本の正規の軍隊である自衛隊が海外に出て武力行使をし、人的な生命が失われるか、あるいは失うようにするということは一度もなかった。正確に言うと、朝鮮戦争の時は、何らかの形で当時の海上保安庁などが戦争に加わったという説もありますけれども、基本的には正規軍による戦闘はなかった。何によってそれが可能だったのか。

よく言われることは、それは日米安保だった、アメリカに基地を提供しながら、日米安保を維持したおかげで、七〇年近く対外的に安全保障が損なわれることがなかった。それに対して、いや、違う、やはり戦後憲法及び戦後憲法を支える国民の強い意思があったから、日本は戦後七〇年を平和でいられたのだ。大まかに単純化していくと、この二つがある。これはある意味において対立している。そして、今回の安保法制を考えていくときも、やはりこの考え方がそこににじみ出ているわけです。

後背地としての沖縄と韓国

しかし、私はもう一つ考えていかなければいけない面があると思います。今回の、この講義の中では沖縄のことが取り上げられませんでした。でも来年（二〇一六年）に向けて、沖縄の基地をめぐる問題が日本の国を揺るがすほどの大きな話題になると私自身は予測しています。なるほど大日本帝国はポツダム宣言を受諾して、日本の版図は日本列島の北海道、本州、四国、九州の四島と、幾つかの島嶼《とうしょ》に限定された。沖縄については、アメリカが占領し、それを事実上の軍政下に置く、こういうことが行われた。北方四島についてはご存じのとおりです。基本的には、戦後の日本は、北海道、本州、四国、九州の四島を中心にして国が成り立っているということです。しかし、実際問題としては、日本はこの四島だけでなく戦後のある時期まで、基本的に後背地、バックヤードを持っていた。

冷戦下、日本とアメリカという、太平洋を挟んだある種の上下関係の同盟を結ぶなかで、アメリカから差し出されたバックヤードがある。経済的にはそれは東南アジアだった。また、日本の地政学的な安全保障という面では、沖縄であり、分断された朝鮮半島の南側、そして一時期、台湾も入っていた。ですから、冷戦が東アジアの中で生きていた時代は、アメリカと日本と、そして、かつての日本の植民地だった国とのある種の三層構造があった。最も近いバックヤードは沖縄です。したがって、国土面積の一%にも満たない沖縄に、日本における米軍専用施設の七〇%以上を負担させることができた。

それからもう一つは、やはり朝鮮戦争が起きた南側、ここにかなりの軍事力を集中的に、ある意味においては、アウトソーシングできた。

朝鮮戦争は一九五三年に休戦協定を結ぶわけですけれども、実際には釜山《プサン》まで、北朝鮮の軍隊が攻め入っていたわけです。そこから、マッカーサーが仁川《インチョン》に上陸して、ロールバック作戦をやって、やがて中国が参戦し、最終的には今の三八度線に落ちつく。まだ日本は戦後間もなくのことです。この時点で今の韓国という国は、事実上のちの南ベトナムと同じ状況に置かれていた。つまりハノイがサイゴンを解放したように、平壌《ピョンヤン》がソウルを解放したら、釜山まで平壌の旗が立ったとすれば、日本はどうなったのか。

これは歴史のｉｆなんですけれども、そうなったら日本は事実上、冷戦の前線基地になったと私は思います。その場合は産声を上げたばかりの日本国憲法は即座に改正された、そう思わざるを得ない。自衛隊がいわば韓国における国軍と同じような位置づけをされ、反共法や国家保安法が制定される。そうした日本の社会は、果たして戦後民主主義が謳歌《おうか》できたか、自由な言論空間があったかどうか、そういう想定をついしてしまうんですね。

逆に言うと後背地があったがゆえに、城内平和もあり得た。つまり、日本国内で軍事の影がほとんど消されていくということと、横須賀や岩国など幾つかのところを別にすれば、沖縄が基地のほとんどを引き受けるということとが表裏一体だったわけです。

同時に、日本の中で情報統制、あるいは言論弾圧、あるいは、かなり強度な社会の軍事化が進まなくてすんだ。その分、逆に言うと、韓国はかなり強い形での軍事化が進みました。徴兵制も敷き、そして、三八度線による分断国家として、経済的には日本がそれを支え、安全保障の面ではアメリカがそれを支える。そのかわりに、日韓関係は、国家のレベルにおいてはとても良好な状態でした。そういう状況が何十年間か続いた。それがちょうど日本にとっては黄金の三〇年だった。具体的に一九六〇年末から八〇年代、九〇年代の初めぐらいまで。韓国の民政移管は一九八七年です。沖縄の場合には一九七二年に日本復帰を果たした。

後背地が後背地でなくなっていくのが今の日本の置かれている状況です。沖縄は琉球《りゅうきゅう》としての自立化へと向かおうとしている。そうすると、もう基地を、沖縄にそのまま置くことができなくなる。韓国は、一応一九八七年に民政移管が行われて、今、経済的には対日本の貿易額と、対中国との貿易額が完全に逆転しただけではなく、日本との貿易関係は韓国経済にとっては、第四位か第五位ぐらいまでにおさまっている。かつての対日従属、あるいは日韓癒着と言われたような関係が構造的に変わりました。ですから、今は韓国の朴《パク》大統領が中国の抗日戦争七〇周年の式典で、北京《ペキン》の天安門の上に立つ。かつて一九五六年に天安門に立っていたのは金日成《キムイルソン》でした。金日成が毛沢東と周恩来と並んで解放軍を閲兵した。今は韓国の大統領が立っている。これは明らかに、かつてのようなアメリカ、日本、韓国というある種の三層構造で成り立っていた時代から変わったということです。

それまでバックヤードが一手に引き受けていた役割は、日本国内で引き受けざるを得ない。したがって、ある種の社会の軍事化が起きる。あるいは、言論に関しても、さまざまな問題が出てきている。当然のことながら今、戦後憲法、およびこの憲法によって成り立っている、民主主義や言論の自由や、あるいは平和、こうしたこれまでの基本的なレガシーがふるいにかけられている。そして、日本がかつてバックヤードにアウトソーシングしていたことを自ら引き受けようとする方向に向かうのか、そうではなく、これまでの、いわば戦後日本の民主主義を守り抜こうという立場に立つのかによって、日本は大きく変わってくるのではないか。そう私自身は思っています。

保守革命とグローバル化の逆流

もう少し視野を広げてみると、今起きている変化は、ある意味において一九二〇年代から三〇年代に私はやや似ていると思います。二〇年代はどういう時代だったか。非常に長い射程で資本主義について分析しているカール・ポランニーが第二次世界大戦中に書いて、一九四四年に刊行した『大転換』（東洋経済新報社）という本があります。彼の判断では、一九二〇年代は第一次世界大戦以前のシステムに戻ろうとする時代であった。第一次世界大戦以前の世界、一八一五年から一九一四年、ウイーン体制から第一次世界大戦が勃発するまでの一〇〇年間は「平和の一〇〇年」と言って、ヨーロッパにおいては平和な時代で大きな戦争はなかった。だから、この一〇〇年を彩っていた市場経済中心の国際金本位制、自己調整的市場、自由主義的国家およびバランス・オブ・パワー・システム、この四つの軸芯をもう一回復活させよう、そうすれば第一次世界大戦後の混乱から脱却できるのではないかという、いわばリベラル保守の時代だった。

一九三〇年代に大きな転換がありました。それは一言で言うと、市場経済から国家による統制経済を目指した。これはアメリカではニューディール政策、それから、旧ソビエトにおいてはスターリンによる社会主義計画経済がそうです。日本、ドイツ、イタリアは、後進国として国家統制型経済へと変わりました。今の安倍首相のお祖父《じい》さん（岸信介）は戦前・戦中の革新官僚として電力の国有化をはじめとするさまざまな国家統制をやろうとした。このように一九三〇年代に大きな変化が起きたというのがポランニーの考え方です。ここから導き出せることは、かつてあったリベラルなものを守れば、大きな革命的変化に何とか対応できるのではないかと思っていたけれども、実はそうではなかった。そこで日本でも、あるいはドイツでも、イタリアでも保守革命が起きた。私は、今の安倍政権もある種の保守革命だと思います。保守革命が進行するなかでは、戦後七〇年のレガシーを守ろうとするリベラルの側が実質的には守旧派になってしまう。

ある意味ではグローバル化の逆流が起きているわけです。その究極の形態は難民です。難民は近代国民国家の成立以来ずっとあったはずです。国民国家の最大のテーマは内戦を収束させて、国内を一元的に平和化することにあり、常に内戦を何らかの形でふたをしなければいけない。アメリカ合衆国も南北戦争という内戦がありました。日本の明治維新も実質的には内戦に近い。それからフランスも大革命で内戦状態でした。そういう内戦を収拾する際に必ず難民が出ていたと思う。

だから難民とは今急に出てきたわけではないけれども、国民国家を超えて物や人間が移動できるというグローバル化を進めようとしているわけですから、当然のことながら難民が顕在化してくる。グローバル化の中で難民問題が最も重要なテーマの一つに浮上するだろうということは想像できた。ヨーロッパは今、それに直面している。つまり、EUという形で国家を超えたまとまりを維持するのか、難民が来る以上、それぞれの国家が自分でバリアを築いて、国民国家へともう一回後ずさりをして、これに対応していくのか。ヨーロッパは今、大きな分かれ目にあると思います。後者であれば、私は世にも悲惨なことになると思っています。日本も早晩この問題と直面することになると思います。

それからもう一つはテロ、これも私はグローバル化の逆流だと思います。これは明らかにイラク戦争の前から予測できたことです。早い話が核の抑止力とカラシニコフ銃を考えてみるとよくわかります。核は使われないこと、つまり抑止力をもって初めて威力を発揮する。でも一丁のカラシニコフによって核抑止力で維持された社会の秩序が大きく変わるかもしれないということを我々は二〇一五年一一月のフランスのテロで思い知らされた。核兵器とカラシニコフの非対称性が極限まであらわれてきているのが今回のテロではないかと私は思います。間違いなくグローバル化の逆流が今、私たちの中にあらわれてきている。

一国主義の戦後民主主義で日本は持ちこたえられるか

グローバル化はいつから始まったのか。いろいろな説があります。そもそも、近代的な国際システムができるときからグローバル化は始まっていたという人もいます。しかし私は、やはり金本位制がくずれて、固定相場制から変動相場制に移った一九七〇年代の初めのニクソン・ショックがきっかけだと思います。ドルが垂れ流されて、基軸通貨としてのアメリカ・ドルの信用が壊れた段階で資本の自由化が進んでいく。それがなければ、ITと金融を牽引役《けんいん》とするようなグローバル化は起きなかったと思います。ところが、今、アメリカの中にグローバル化の逆流として、人と物と金のうちの人の移動を遮断しようとする動きすら出てきている。この点が一九二〇年代・三〇年代との違いです。

つまり一九二〇年代から三〇年代の変化は国家を管制装置にして危機を脱出しようという考え方が色濃くある一方、しかしそれでは上手《うま》くいかないから、東アジア共同体をつくってブレークスルーしようとする考え方もあった。日中を中心とした東アジア共同体をつくることによって、この国家間の戦争を何とか止揚して、そして世界的な危機に対応しようとした。でもこれは完全に頓挫《とんざ》した。今、このグローバル化が、一九二〇年代・三〇年代には考えられないぐらいに進んで、その逆流現象が起きている。大きく見れば日本一国では、この危機を突破できない。そうすると、やはり一九三〇年代末に頓挫した地域主義を平等なものとして立ち上げられないだろうか。

この一〇年以上にわたって地域主義という言葉は死語になってしまいました。かつての東アジア共同体は、今言うと、おかしなことを言っていると思われてしまいます。しかし、間違いなくＡＳＥＡＮ（東南アジア諸国連合）はそういう方向に向かおうとしています。今後どうなるか、私にもよくわかりませんが、ＡＳＥＡＮは東アジアより前に進んでいる。ＡＳＥＡＮ経済共同体を立ち上げて、域内に経済格差はあるにしても、間違いなく域内で戦争が起きる芽はかなり摘まれています。東アジアはそうなっていない。

ですから私は戦後の民主主義とは、残念なことですけれども、城内平和民主主義だったと思います。つまり、私たちの四島さえよければいい、そのための憲法であり、それを私たちは守っていくんだというものでした。でもそれは地域的な広がりを持ち得ない。戦前のアジア主義に対する痛烈な反省があるので、そうならざるを得なかったのかもしれませんが、しかし結果として、その方向に向かえば向かうほど、とどのつまりは日米安保しかないという議論にどんどん席を譲っていくことになった。もしこれが城内平和だけにとどまらずにもう少し地域主義的な方向に向かっていったならば、日米安保、そして今回の安保法制で日本の安全保障、平和が確保できるんだという世論のうねりは、私はもう少し抑えられたと思う。

安保法制には、なるほど立憲主義や憲法上の手続きからすると問題がある。それでは日米安保を廃棄していいのかと脅されたら、国民の六、七割が「いや、それはだめだ」と言うと思います。従来、日本の周りにはバックヤードがあると同時に、中国は完全にシステムの外縁部、冷戦下の向こう側の存在でしかなかった。これが大きく変わった。バックヤードがどんどんなくなっていき、そして外縁部にいると思われた中国が経済大国になりつつある。ここまで中国脅威論が高まり、あるいは日韓関係が険悪になっている以上、日米安保を将来廃棄しますと言えば、国民の六割以上がついていかない。一国主義的に城内平和にとどまったがゆえに、結局、グローバル化の逆流が起きてくると、日米安保の二国間関係にすべてがかけられている、そういう方向に世論が向かっていかざるを得ない。

問題は、これまでの城内平和的な一国主義の戦後民主主義で、今後、日本は持ちこたえられるかということです。それでは、どうしたらいいのか。私はやはり地域主義ではないのかと思います。

グローバル化が避けられないとすると、これに対するバッファーが必要です。TPPは地域主義とは違う、グローバル化を推進していく具体的な多国間の取り決めです。ですから、別の形でバッファーが必要で、それはASEANでもやっているように地域主義を形成することです。今ASEANがやっていることがどうして東アジアでできないのか。もちろん大陸に中国という国があるではないかとか、朝鮮は南北に分断されているではないかとか、いろいろなファクターがあります。しかし、ASEANと同じような地域主義の形成に向けて開かれていくときに初めて今の日本の閉塞《へいそく》状況をブレークスルーできるのではないかと思います。歴史はそう簡単には繰り返しません。しかしやや似ています。一九三〇年代はその条件が高かった。それはアジアで日本だけが突出して帝国的な力を持っていたからです。でも今の東アジアの状況は違う。だから私は地域主義の可能性は十分あると思っています。

しかし、日本の世論の中でこれだけ嫌韓感情や嫌中感情というものがあおられてくると、対立関係が抜き差しならないものになってくる。日本の国内の世論状況ではそういうものがかなり強くあらわれています。私は今の韓国を国の体制としては非常に危機的な状況だと思っています。教科書の国定化を進めたり、あるいは言論弾圧が起きたり、一九八七年の民主化宣言以降の韓国社会のあり方からある種の逆行をしている。それと同じようなことが日本でも行われると、国家間の対立が国民的な対立へとエスカレートしかねない。これは中国も含めてです。

皆さん、ソウルに行かれたら、教保文庫という一番大きな本屋さんを訪ねてみてください。その書店に入って真正面には日本語コーナーがあり、小説でも何でも日本語で読めるコーナーが大きな売場面積を占めています。韓国の友人に聞くと、韓国の書店には反日の本なんてほとんどないし、ましてやそれがベストセラーになるなんてあり得ないということです。韓国では反日の本がほとんど見られないのに、なぜ日本で嫌韓ブームが起きているのか。やはりそれはバックヤードがなくなってきて、これまで七〇年間考えられなかったほど東アジアの中で日本のプレゼンスが相対的に低下している。私はそういう構造的な変化の反動が国民感情や世論の中に反映されているのではないかと思っています。

こういう状況では地域主義というものはなかなか難しいのではないかと思うかもしれませんが、今の戦後民主主義を城内平和から解き放つ、そういう世論状況をつくっていくしかないのではないか。これを私自身は皆さんに問題提起しておきたいと思います。したがってメディア関係者ももっと日中韓の相互交流を深めていく、あるいはもっとその関係の中で、より協力できるところは協力してほしい、相互批判も含めてやっていただきたい。こういうことを問題提起として述べて、私の話にかえさせていただきます。どうもご清聴ありがとうございました。

一色　姜さん、どうもありがとうございました。日本の戦後民主主義の基軸が揺らいでいる、世界に目を広げるとグローバリズムの逆流で、戦後体制自体も揺らいでいるという気がします。先ほど姜さんがおっしゃった保守革命の中で、日本の状況にもいろいろな意味で非寛容なところが出てきていると思いますが、そういうのは、海外の動向ともつながっているものでしょうか。

姜　リベラルはもう出番じゃないという流れは先進国では共通しているのではないでしょうか。結局、なぜ朝日新聞バッシングがあったのかというと、朝日が本当に戦後民主主義の言論の基軸だったのかどうかは置いておいて、リベラルであったように見られている。だからそこをたたくというのは、やはり一つの基軸が大きなターゲットになった出来事だったかもしれないなと、私自身は思っています。

一色　去年（二〇一四年）からテレビのキャスターがさまざまな形で攻撃を受けています。おそらく政権を応援する人たちが政権とかなり気脈を通じて攻撃していると思われる状況が現実にあるわけです。日本にも非寛容な空気が出ているのが怖いといいますか、一九二〇年代・三〇年代を連想するようなところがあります。

姜　私もやや似ていると言いましたが、もちろん一九二〇年代・三〇年代というアナロジーはかなり極端かもしれません。むしろ冷戦下のマッカーシズムに少し近いかもしれない。ある種のマッカーシズム的なものがもっと広がろうとする前兆なのかどうか、これは私にはまだ今のところよくわかりません。一色さんから見るとどうですか。今までずっと新聞社でジャーナリストとしてやってこられて、やはり息苦しいという感じはなかったのでしょうか。

一色　今の空気感というのは私のように少しひいた立場にいる人間より、一線で日々情報をとっている人間のほうが感じていると思うのですが、今はリベラル系とされているメディアの記者たちは非常にしんどい思いをしながらやっているのではないでしょうか。

政権は、敵、味方を露骨に分けていて、メディアは分断されているような感じがあります。インナーサークルのメディアにはいろいろな情報を与えるけれども、そのサークルの中に入らなければ情報を与えないとすれば、情報を商売としているメディアは、政権批判をすればなかなか情報がとれないということになり苦しいところも正直あるでしょう。そういうところを政権側は非常によくわかっていて、メディアの分断が行われているのだろうと思います。いつの時代にもあることでしょうが、それがより露骨な時代を生きているのは間違いないです。

姜　個人と国家の一体化がかなりメディアの状況も含めて進んでいるのではないか。よく国際政治のなかで言われますが、個人と国家の一体化が進むと国際関係は不安定になる。安定した社会は、個人と国家の間にかなり距離があるはずなんです。そこに距離があるからこそ、逆に言えば市民社会が成立する。市民社会というのは、メディアや人々の自由な活動や組合など、いろいろなものがあります。市民社会が自分の生きている現場になれば、個人と国家が一体化する力はさほど大きくならないはずで、それが安定した社会です。社会が不安定になるということと、個人と国家の一体化はだいたい比例すると言われています。

そして、メディアによってつくられているものもありますけれども、個人と国家とがかなり一体感があるかのように、いわばフィーリングというか、そういうものが強くなっているのではないかと思います。これは逆に言うと、地域社会がかなり危機的状況にあるからだと思います。あるいはもっと言えば、社会が弱ってきている。社会がセーフティネットとしての役割を果たせなくなってきていますから、国家と個人とがダイレクトに結びつくようなイメージがメディア関係の中でつくられていくようになります。ですから、例えば国家同士の間で問題が起きると、あたかも自分が傷つけられたかのように、そこに直情的に反応してしまうことが起きやすくなっている。それがやはり嫌中、嫌韓というところにも出ている気がします。

一色　国家が批判されると、自分が傷つけられたように感じるというのは、やはり敏感過ぎますね。

姜　それは日本だけではなくて韓国もそうだし、多分中国もそう。だから個人と国家の一体化が進むとどうなるかというと、国際政治の教科書には、必ず国際関係が善悪二元論になると書かれている。善悪二元論、つまり単純化が進むようになるんです。これは非常に逆説的だと思います。隣の国や中国の経済がだめになれば、自分たちが打撃を受けるにもかかわらず、ざまあみろという感じ方ができてしまうという、ある種の倒錯ですよね。非常に実態と乖離《かいり》した世論というのが、全部ではないにしても、一部にかなり根強く出てきている。

一色　経済的な結びつきが強まれば強まるほど、お互いが運命共同体になって、反目し合う度合いは小さくなっていくと思うのが自然ですけれども、非常に強い経済的な依存関係があるにもかかわらず、逆に政治的には離反していく、不思議なことですよね。グローバル化が進めば地球全体が運命共同体になって戦争は起きにくくなるという考え方がありますが、今の段階ではそうなっていません。逆にお互いの角を突き合わせる度合いが深まっていくというのは、どういうことなのでしょう。

姜　グローバル化は避けられないけれども、それをハンドリングするためのグローバルデモクラシーが今のところありません。国連もその役割を果たせない。グローバル化の逆流をハンドリングできる代表性もない。代表された人がそこに集まって、それをハンドリングしていくシステムもない。だとすると、やはり緩やかな地域主義が開かれた形で出てくれば、それが緩衝地帯になってその逆流をかなりやわらげることにならないか。そういう期待をもっています。

あとがき

一色 清

当たり前に思っていたことが当たり前でないかもしれないと気づくことがある。

戦後七〇年にあたって「本と新聞の大学」の打ち合わせをしていたときのことだ。「戦後八〇年ってあるのでしょうか」とスタッフの一人が唐突に言った。戦後がなくなる？　私が最初に思ったのは、「さらに一〇年の時間がたてば、戦後という線引きがぼやけてくる」という月並みな風化論だった。でもすぐに彼が言わんとするところに思い至った。

この一〇年の間に日本が関わる戦争が起これば、新たな「戦後」が生まれ、今の戦後は「戦前」に変わる。その可能性は決して小さくないのではないか、ということだ。

安倍政権は戦後七〇年を挟んで、特定秘密保護法をつくり、集団的自衛権を認め、憲法を改正しようとしている。戦争に巻き込まれないための歯止めが次々にはずされていく。「戦後」だと当たり前に思っていたら実は「戦前」だった、というのはブラックジョークとばかり言っていられないと思った。

今回の「本と新聞の大学」のテーマが「日本の『それから』～戦後80年はあるのか」と

なったのは、そうしたことからだ。

ただ、毎回のことだが講義はさまざまな角度から行われた。諸外国との敗戦比較、インターネット時代の論壇、憲法論、歴史観、性と家族、経済。どの角度からも、戦後七〇年の今が抱える問題と未来への警鐘が鳴らされた。

私自身が経済への関心が強いためか、なかでも河村小百合氏の「この国の財政・経済のこれから」と題した講義の印象は強烈だった。世界でも最悪クラスの借金財政が改善されなければ必ず財政危機が訪れる。その時に政府がとれる政策は、終戦直後の財政危機の時にとられた政策が想定される。それは、空前絶後の大規模課税としての財産税、国民のカネを政府がコントロールするための預金封鎖、タンス預金などの抜け道を防ぐための新円切り替えの三点セットだという。

社会の革命的変化があった終戦直後だったから人々はなんとか耐え忍んだが、平和と豊かさを謳歌《おうか》してきた私たちにこれだけの経済的試練を耐え忍ぶ力は残っているだろうか。ひょっとすると、人の命を直接奪う戦争がなくても、経済的危機が新しい「戦前」と「戦後」をつくり出すかもしれない。

私たちが考えてきた当たり前はもはや当たり前ではなくなりつつあるようだ。

一色　清(いっしき　きよし)
朝日新聞社教育コーディネーター。

姜尚中(カン　サンジュン)
政治学者。東京大学名誉教授。

内田　樹(うちだ　たつる)
思想家。武道家。神戸女学院大学名誉教授。

東　浩紀(あずま　ひろき)
批評家。作家。株式会社ゲンロン代表。

木村草太(きむら　そうた)
憲法学者。首都大学東京大学院教授。

山室信一(やまむろ　しんいち)
歴史学者。京都大学人文科学研究所教授。

上野千鶴子(うえの　ちづこ)
社会学者。東京大学名誉教授。

河村小百合(かわむら　さゆり)
株式会社日本総合研究所調査部上席主任研究員。

「戦後《せんご》80年《ねん》」はあるのか――「本《ほん》と新聞《しんぶん》の大学《だいがく》」講義録《こうぎろく》

二〇一六年八月二二日　第一刷発行　　集英社新書〇八四四B

著者……一色《いっしき》　清《きよし》／姜尚中《カンサンジュン》／内田《うちだ》　樹《たつる》／東《あずま》　浩紀《ひろき》／木村草太《きむらそうた》／山室信一《やまむろしんいち》／上野千鶴子《うえのちづこ》／河村小百合《かわむらさゆり》

発行者……加藤　潤

発行所……株式会社集英社
東京都千代田区一ツ橋二－五－一〇　郵便番号一〇一－八〇五〇
電話　〇三－三二三〇－六三九一（編集部）
〇三－三二三〇－六〇八〇（読者係）
〇三－三二三〇－六三九三（販売部）書店専用

装幀……原　研哉

印刷所……大日本印刷株式会社　凸版印刷株式会社

製本所……加藤製本株式会社

定価はカバーに表示してあります。

 ISBN 978-4-08-720844-3 C0236

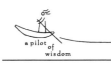